ちくま新書

# 教え学ぶ技術
## ――問いをいかに編集するのか

苅谷剛彦
Kariya Takehiko
石澤麻子
Ishizawa Asako

1436

教え学ぶ技術——問いをいかに編集するのか【目次】

# 序章　「問いを編集する」とはどういうことか

苅谷剛彦

おそらくはインターネットを通じたSNSなどの発達によるのだろう。匿名性を条件に、自分の意見や考えをネット上にアップするコミュニケーションのスタイルが定着した。さまざまな話題やテーマをめぐって、ときに「炎上」などと呼ばれる現象が起きる。賛否両論で盛り上がっているように見えるが、議論が嚙み合っていない、互いの主張の言い合い、ぶつかり合いのような場面をしばしば見つける。議論が嚙み合うことで、新たな認識の段階に進んだり、自分の見方を相対化することで、より広い視野に立った議論ができるようになればいいのだが、そうならないで終わるケースが少なくない。テレビのワイドショーなどでもそうした話題が取り上げられ、コメンテーターと称する面々がそれぞれに意見を言い合う場合もあるが、そこでも議論が嚙み合わずにそれぞれがそれぞれの主張を繰り広げて終わるという場面に出会う。

他方で、もっと日常的な、知り合い同士が互いに顔の見える範囲でのことばのやり取り

──対面的なコミュニケーション──の場合には、「空気を読む」ことが互いに期待される。相手との意見の違いや露骨な対立を避け、相手を傷つけまいと互いを忖度し合うやり取りである。自分の意見や考えを言う場合にも、相手がそれをどのように受けとめるかを慮る、あるいは相手の立場を気遣うコミュニケーションである。友達同士の日常的な会話に留まらず、ときには、学校や大学の授業やゼミなどの「議論」の場でも見られる「空気の読み合い」もある。空気を読み合うことで、対立や論争を生み出すかもしれない、議論の対象となっているテーマについての深い理解に到達できなかったり、異なる意見に対して自分の考えをどのように組み立て直したらいいかといった、自分の考えを相対化する機会を失ったりする。「よい話し合いでした」で終わってしまうようなケースである。

これらは、一見すると両極端のように見える。だが、コミュニケーションとしては、実は同じところに問題の根がある。いずれの場合も、議論をどのようにとらえ、それをどのように進めていったらいいかという問題が含まれているからだ。

議論をするとは、どういうことか。よりよい議論にするにはどうすればよいのか。いや、もっとさかのぼって言えば、より生産的な議論を行うために必要な思考力とは何か。それはどのようにしたら鍛えられるのか。この、基礎的とも言える思考力の鍛え方が本書の主題となる。一方の意見や考え方に極端に偏ることなく、なれ合いになりがちな議論の場で自分の考えを明確に示したり、人と違う考え方を露骨に対立することなくうまく伝えたりできるようになれないか。そのためには、どのような思考力が必要となるのか。この基本的とも言える思考力の中核を占めるのが、本書の副題に示した「問いを編集する」という技術である。

議論が噛み合わない、極端な意見や主張がぶつかり合う原因の一つは、一見同じテーマについて論じているようでいて、それぞれがそこで答えようとしている問いにすれ違いがあるところにある。問いが共有されていないままいくら議論しても、それが噛み合わなくなるのは当然のことだ。だが、そのずれがきちんと認識され、意識されないと、いつまで意見を言い合っても、そこから新しい見方は生まれない。生産的な議論にならないまま平行線をたどってしまう。話題を共有しているようにみえても、そこに切り込む問いの違いが明確に意識されていないためだ。

他方で、空気の読み合いのような議論（話し合い）の場合、一見、意見や考えが一致しているように見えても、そこでは異なる意見や考えの交換によって、新たな段階にまで思考が進まないことがある。その原因は、暗黙のうちに、互いが問いを共有していると思い込んでしまっていることにある。微妙な問いと問いのずれを意識していけば、もうすこし議論が展開していく。ところが、暗黙の問いの共有——より正確に言えば、問いをわかったつもりで同じだと思いこんでいることで、そのチャンスを逸してしまうのである。いずれの場合も、鍵となるのは、問いをどの程度明確に意識できているかということである。問いを意識することで、その問いをうまく使いこなしているか、という問いの取り扱い方をメタレベルでとらえることができる。これは、問いの立て方と展開の仕方、すなわち、問いを自在に扱える思考力を身につけているか否かにかかっている。

本書では、問いを使いこなすための技術（問いをいかに編集するのか）をどうすれば身につけられるかを、具体的に示すことで、この課題に応えていく。

## †主題（テーマ）と問い――問いをテーマの中心に据える

人と議論する場合であれ、自分一人の頭の中で思考実験的に議論をする場合であれ、議論（argument）をするとき、私たちはあるテーマ（主題）を中心に考える。もっと日常的な会話のレベルでは、話題と言い換えてもよい。そこでのことばのやり取りが、たんにその場での情報や意思の伝達、あるいは楽しみのための会話であれば、そこからの「発展」が期待されるわけではない。それに対し、議論（argument）が必要となるのは、そこに何らかの発展や展開が意識され目的とされているときである。互いの知識や意見や考え方を提示し、それに対する相手の反応を期待し、それに応じて、自分だけでは到達しにくいレベルにまで思考や知識を発展させたいとき、私たちは議論をする（自分だけの模擬的な議論であれば、頭の中で一人でそれをやってみる）。もちろん、そこにはテーマがあるはずだ。何について話し合っているのかを示す、話の中心となる対象のことである。「〇〇について話し合って（ディスカッションして）みよう」という場合の、〇〇である。

あるテーマにアプローチするとき、そこにどのように切り込んでいけばいいか。どのようにそのテーマについて、自分の見解や意見を考え、まとめていけばいいか。それを導き、枠づけるための方法が、「問い」からのアプローチである。あるテーマについて、自分なりに問いを立て、その問いに答えようとすることで、考えを展開していくという方法である。

たとえば、ある事柄（テーマ）について、自分が賛成（支持する）か反対（支持しない）かという、イエスかノーかというのは一つのシンプルな問いの形である。あるいは、ある事柄（テーマ）について、具体的な例は何か、同じような例は他にないか、という問いも、考えを展開させる手助けとなる（具体化や例証）。他のことばで言い換えるとどう言えるのか（概念化）、とか、どんなことにたとえることができるか（比喩）、なども、ある事柄を別の視点から理解するために役に立つ問いの形である。さらには、ある事柄には、どんな特徴があるのか、その特徴をつかむときに、どんな側面に注目すれば複数の特徴について考えることができるのか、なども、あるテーマを考えていくときの入り口となる問いである。さらに、もっと議論が進んでいくと、なぜそうなるのだろうか、といった原因や理由に関する問いを立ててみると、もっと複雑で高度な議論に発展できる。

いずれにしても、問いを立てて、その問いを発展させていくこと（ここではそれを「問いの展開」と呼ぶ）が、主題（テーマ）についての考え方を発展させていくときの、考え方のステップとなるのである。それというのも、テーマとなる事柄について、私たちはある程度の知識や情報を持ち合わせているが、その知識や情報を使いこなす上で、テーマについてどのような問いを通して切り込んでいくかが鍵となるからだ。あるテーマに関する知識をうまく使いこなすためには、その知識から発する問いと、その知識が答えとなるような問いの展開が、議論を進める上でのテコの支点となるのである。

相手がいるときの議論（討論）ばかりではない。たとえば、大学の授業で小論文やレポートを書くとき、卒業（研究）論文を書くときにも、どのように問いを立てるか、どのように問いを展開するかが、思考を発展させる際の重要なステップとなる。授業で小論文の課題が出されたときにも、その課題にどのように答えたらよいかを考える。そういう場合にも、自分なりに、その課題を別の問いの形でとらえ直したり、そうやってとらえ直した問いを展開したりすることで、いい論文が書けるようになる。卒業（研究）論文の場合にも、そもそも自分でテーマを設定するときには、研究すべき問い（research questions）を立て、それを展開する形で論文を構成していかなければならない。学校や大学で学ぶ際にも、問いを使いこなす技術が求められるのである。

大学などの学びの場だけではない。社会に出てからも、私たちはさまざまな問題や課題(problems)に直面する。問題・課題への解答が求められることもある。その解答が、自分の判断になることも、自分の行動を決めるときの規準になることもある。こういう、さまざまな問題・課題(problems)に出会ったときに、それをどのように考えていったらよいのか。その場合にも、その問題(problems)を問い(questions)としてとらえ直し、その問いへの答えを考えていくことで、その問題(problems)をより広くあるいはより深く理解し、適切な解決策を導くことが可能になる。実社会での問題解決(problems solving)に迫られたときにも、問いの立て方と展開という思考の技術が使えるということだ。冒頭で述べた、コミュニケーションが不毛になるような状況を打開するのにも、問いについての自覚が鍵となる。問いの共有の有無や、問いと問いとの微妙だが重要な違いに目を向けることができる、さらには問いを思考の支点において議論の展開を図る。いかに問いを編集するかによって、不毛な論争や当たり障りのない「話し合い」で終わってしまう、見かけ上の「議論」から逃れる方法が見つかるはずである。学校や大学での学習や研究の場面だけでなく、仕事の場や社会生活の上でも、一面的な見方にとらわれたり、安直に分かったつもりで終わってしまう議論や思考にならないためにも、問いの立て方と展開の仕方を身に付けることは役立つ思考力の要となるのだ。

## †問いの展開の仕方をどのように身につけ（させ）るか

とはいうものの、どのように問いを立てるか、さらには立てた問いをどのように展開していけばよいかというと、簡単なことではない。なぜなら、そのような思考の技術を学ぶ機会が残念ながら日本の教育には十分に備わっているようには見えないからだ。

高校までの日本の学校では、最近取り入れられた「探究」学習のような方法がある。大学までを含め、今では「アクティブ・ラーニング」のような「主体的・対話的な、深い学び」をスローガンにした新しい学習＝教授方法も奨励されている。これらの新しい学びでは、生徒同士の話し合いや議論を通じて問題解決をする学習が推奨される。こうした学び方で鍵となるのが、問いの立て方であり問いの展開である。

ところが、その要となる思考の技術を身につけるための具体的な方法が提示されないまま、あるいは適切な助言が与えられないまま、生徒や学生たちの自主性（「主体的な学び」？）に任せた学習で終わる場面が少なくない。教師からの何らかの助言や指導があっても、そこでどれだけ問いの立て方や展開の仕方が意識され、意図的にその思考技術を身につけさせようとしているかというと、それも十分とは言えない。課題を与え、内容に直接関わることがらについての助言や知識は提供できても、学ぶ側がどのように問いを展開していけば、より興味深い議論になるのか、発展性のある噛み合う議論ができるようになるのかは、提供できていない。そこにいたるまでの指導力（思考力に直接働きかける教える力）を発揮するのは、そう簡単なことではない。そもそも教える側にそのような思考の技術、さらにはそれを教える技術が十分に備わっているのかどうか。日本の大学でも、教員養成課程でも、そのような指導力を磨くための機会が与えられているかは疑問である。知識の伝達に長けていることと、問いの展開に習熟していることとの間には、教師のスキルとして大きな違いがあるからだ。前者で終わってしまう教師は（大学を含めて）、探究学習のような場面でも、知識の提供で十分だと思ってしまう。知識や情報の集め方や読み取り方には目が行っても、そこで集めた知識や情報を、問いの展開をテコにしてどのように生かすのかには気が回らない。あるいは、プレゼンテーションをうまくやるという結果にばかり目が行ってしまい、その過程で育成すべき思考力（問いをいかに編集するのか）に意識が及ばない。問いの立て方・展開の仕方を学ばせること自体が、学習の目標として掲げられることが十分に意識されているとは思えないのである。

私自身、日本の大学で教えていたときには、そのようなことを意識し、どうしたら学生たちが、問いの立て方や問いの展開の仕方を身につけることができるかを試みた。その成果の一部が、一九九六年に出版した『知的複眼思考法』という著書である。問いの立て方や展開の仕方をていねいに解説した類書が少なかったからだろう。さいわいこの本は、その後文庫版にもなり、現在でも読まれ続けている。

この本を書くときには、東大時代の私のゼミでの教え方をベースに、そこで試みたことをなんとか言語化しようとした。複数の学生たちを相手にした「教え学ぶ技術」をもとに、問いの立て方や展開の仕方、さらには一つの見方にとらわれないための思考法を提案・提示した。

二五年近く前に書いたときのことをいまでも鮮明に覚えている。どうしたら問いの立て方・展開の仕方を、書物（文字）を通じて読者に届けられるように言語化できるか。それにはとても骨を折った。私が新米の大学教師であったこともあってか、わかりやすく言語化することはひじょうに難しかった。実際の大学の授業では、学生たちが自分たちで興味や関心を持ったテーマをできるだけ生かすように、個別の指導に努めた。ところが、授業で目の前の学生たちを相手に指導するのとは異なり、当意即妙のやり取りを文字として再現するのは困難だった。できるだけ具体的に説明しようと努めたし、さまざまな例を使って、文字を通しても理解できるように書いたつもりだ。それでも、隔靴掻痒の感がつきまとった。授業でのやり取りの再現は、残念ながら『知的複眼思考法』では十分にできなかったのである。その物足りなさや限界を感じながらも、当時は類書が少なかったので、不十分ながら出版を決意した。

当時新米の大学教師であった私も、それから四半世紀近く教師としての経験を積み重ねてきた。さらには、たんなる経験の積みあげだけではない変化が起きた。二〇〇八年からイギリスのオックスフォード大学で教えるようになったことである。そこで出会ったのが、チュートリアルという個別指導を徹底させた、教え学ぶ技術である。

オックスフォードでは、学部生に対してはチュートリアル、大学院生に対しては、スーパービジョンと呼ぶが、いずれも個別指導を原則にした、学生への指導を中心に教育が行われる。この方法に出会い、それを一〇年以上実践してきたことで、問いの立て方・展開の仕方という、問いを編集する技法をどのように学生に伝えることができるかをさらに経験することができたのである。

率直に言えば、教えるための技術としては、日本の大学で私が行ってきた方法と大きな違いはなかった。問いの立て方や展開の仕方のこつは、国や言語や大学の違いを越えても、大きくは変わらない。日本での大学教師としての経験を全く変える必要はなかったし、日本のやり方で通用すると感じた。

ただし、大きく違う点があった。直接学生と議論をする前、そしてその後の教え方＝学び方の違いである。そこで経験したのは、日本の大学では（何度か試みはしたが）実行の難しかった、徹底して読んで書くという事前事後の学習を含めて、個別指導の機会を存分に生かすという点にあった。日本の大学では、毎回のように多くの文献を読ませ、課題に答える小論文を毎回学生に課すことはできなかった。授業の時間に、学生たちの問題関心に合わせて問いの展開を体験させることで終わっていたのである。

本書では、私がイギリスの大学で経験してきたチュートリアルという方法を日本語に置き換えて具体的に示すことで、『知的複眼思考法』では表現できなかった学生とのやり取りを含めて、問いを編集するための技法をできるだけわかりやすく伝えていく。

## †チュートリアルとは

チュートリアルとは何か。その日本語版の具体例を示す前に、オックスフォード大学におけるチュートリアルの仕組みについて、簡単に紹介しておこう。

チュートリアルは、たいていは週に一回一時間、学生一人か、場合によっては二、三人を相手に一人の教員がついて行われる。日本のゼミ形式の授業に比べても徹底した個別指導である。学生の専攻や担当する教員による違いも若干あるが、そこでは、毎週、小論文を書くための問い（エッセイ・クエスチョンと呼ばれる）と、それに解答するために読むべき課題文献のリストが渡される。毎週一〇冊ほどの著書や論文である。それらを読んだ上で、小論文（オックスフォードではエッセイと呼ばれる。毎回Ａ４判でプリントすると一〇頁くらいの分量）を執筆する。エッセイでは、教員が出したエッセイ・クエスチョンに、文献リストに示された文献を使って、学生が自分なりの議論を展開し、解答を与える。

そして、実際のチュートリアルの時間には、学生たちが事前に提出したエッセイをもとに、教員との間で質疑応答や議論が行われる。この、多くを読んだ上で書き、質疑や議論するという学習を、教師一人に学生が二、三名といった恵まれた環境のもとで毎週繰り返す。それが一学期に八週間（つまり八回）続く。これだけの少人数指導であれば、学生も手を抜くことはできない。ましてや出席などとる必要もない。そういう読み書きを中心とした個別学習を通じて、「批判的な思考」が育つと考えられているのである（注）。

チュートリアルのほかに、学習を補助するための講義が開かれる。そこでは、ある週のエッセイ・クエスチョンに答えることを助ける知識が、教授から提供される。個別学習ではなく、その科目をとっている学生が集団で聴講する講義である。ただし、オックスフォードでは、この講義だけを受けて単位を取る仕組みにはなっていない。そもそもオックスフォードでは単位制がとられていない。専攻や科目による例外もあるが、チュートリアルでの学習を含め、たいていは年度末に行われる試験や、卒業学年で一挙に行われる卒業試験（いずれも一科目三時間位をかける筆記試験である）での成績で卒業が決まる。

言い換えれば、チュートリアルは、レポートを毎回出せば出席点で単位がもらえるという仕組みではない。最後の試験にパスしなければならないのであり、そのために学生たちは、過去に読んだ課題文献を含めて、最終試験の準備をしなければならない。そして、毎回のエッセイ・クエスチョンに答えることが、最終試験の練習になる。要するに、年がら年中、読んで書いて議論するという学習を学生は繰り返すのである。

他方、大学院生に対しては、チュートリアルと同じ方法も用いられるが、少人数（私の授業では五、六人）でのゼミ形式のような授業が行われることが多い。そこでも大量の文献の講読が求められ、読んでいることを前提にした議論が行われ、何回かのエッセイの執筆が求められる。

さらに、卒業論文を執筆するためのスーパービジョンと呼ばれる個別指導が、多くの場合、学生と教師との一対一の形式で行われる。そこでは、学生の問題関心をいかにすれば研究可能な問い（リサーチ・クエスチョンと呼ぶ）にしていけるか（問いの立て方と展開そのもの）、そのためにはどのような文献を読んでいけばいいのか、どんな研究方法を選べばいいのかを議論していく。さらに研究が進んでいけば、学生が読んだ文献をもとに、学生自身のリサーチ・クエスチョンを既存の文献にどのように位置づけていけばいいのか、そのためにどのように文献レビューの章を書けばいいのか、といったことも議論する。そして、実際に分析が始まれば、その分析の結果をふまえて、研究論文として仕上げるまでの議論をする。この研究指導の場合には、まさしく、問いの立て方・展開の仕方を自分の研究を通して身に付けていくのである。

ただし、ここで留意すべきは、文献を読んで小論文を書くという、大学院以前の学習が重要な準備段階になっているということだ。エッセイの場合には、リサーチ・クエスチョンを自分で考えるのではなく、教員が問いを与える。問い自体は最初から与えられているということだ。にもかかわらず、重要なのは、その問いにいかに答えるかというところに、すでに問いの展開の仕方を身に付けるための学習が含まれているのである。こうした問いを展開する技法をすでに身に付けていることを前提に、大学院段階では、今度は学生自身が問いを立て、それを展開していく。そしてそれを教員がスーパービジョンを通じて指導していくという学習が行われる。

### †チュートリアル再現

本書で試みたのは、このようなオックスフォードで行われているチュートリアルとスーパービジョンを、若干の修正を加えつつ、日本語で再現してみることである。つまり、実際にチュートリアルやスーパービジョンと呼ばれる、教え学ぶ方法を、日本語で実演し、それを文字として再現することで、問いの立て方、展開の仕方、すなわち問いをどのように編集していけばよいかというプロセスを日本語で読めるように言語化するのである。

そのための工夫として、本書では、オックスフォード大学で修士課程を学んだ経験を持つ石澤麻子さんに学生役を務めてもらい、彼女を対象に、実際に私がオックスフォード大学で行っているのとほぼ同じようなチュートリアルとスーパービジョンを行った。

ただし、チュートリアルについては、日本の読者にもアクセスしやすいように、日本語の文献を課題文献とした。また、実際には一学期に八回のチュートリアルが行われるところを、その一回分にあたるエッセイ・クエスチョンの提示、一回分の文献講読とエッセイ(小論文)の執筆をもとにした議論を二回に分けて行った。教師役である私が、日本語向けに改良したエッセイ・クエスチョンを出し、日本語の課題文献を与え、日本語でエッセイを書いてもらい、それをもとに、議論をするという方法をとったのである。そうすることで、できるだけ、問いの展開の仕方が見えやすくする工夫をした。さらには、問いの展開の上で重要となる助言をできるだけわかりやすく提示した。やり取り自体をできるだけ生のまま再現するためである。石澤さんには、特に最初のエッセイを書く際には、日本の学部の学生時代のことを思い出してもらい、学部生であればつまずきそうなことや理解の及ばないことがあれば、それをそのまま出してもらうようにお願いした。その意味では、読者にチュートリアルのプロセスを理解してもらうための多少の「演出」が含まれていることを断っておく。

さらには、毎回のチュートリアルが終わったところで、振り返りの短いセッションを挟んだ。教える側と学ぶ側のやり取りをそこに含めることで、通常のチュートリアルでは行わない舞台裏、あるいはメタレベルの議論を取り入れることにしたのである。これも、チュートリアルという教え学ぶ技術を、読者によりよく理解してもらうための「演出」といってよい。

さらに第Ⅱ部では、今度は石澤さんに大学院（修士課程）の最初の学期を迎えた学生役になってもらい、大学院で行われるスーパービジョンを日本語で再現した。とくに卒業論文のために学生の初発の問題関心を、どのようにリサーチ・クエスチョンにしていくかのプロセスを再現することに注力した。本来であれば、そこからさらに、文献講読や文献レビューの書き方、それらをふまえたうえでのリサーチ・クエスチョンの位置づけと、それに伴う研究の独自性や意義についての議論が続く。さらに分析が始まれば、その分析結果をもとにした指導も行っていくのだが、その後半戦は省略し、問いの立て方と展開の仕方を中心にした教え学ぶ技術の再現に集中した。そして、ここでも毎回のスーパービジョンが終わった時点で、短い振り返りの議論を挟んだ。学生の疑問点や教える側の意図などを、メタレベルで出し合うことで、学生が自分で研究を進める際の教え学ぶ技術に関する問題点を明らかにしようとしたのである。教師の側がどのような意図で、さまざまな質問をしたのかもそこに織り交ぜた。

以下では、はじめにチュートリアルの再現が行われる。第Ⅰ部では、教師が問いを出した上で、その問いにどのように答えていけばよいのか、その問いの展開について、課題文献の使い方を合わせて指導をしていく過程である。実際に学生（役）が書いたエッセイをもとに議論をしているので、そこでどのようなやり取りが行われているかが具体的に示されているはずだ。

その次のセクションで展開する研究論文執筆の入り口にあたるスーパービジョンの再現（第Ⅱ部）では、大学院生（役）が持ち込んだ初発の問題関心が、どのようにしてリサーチ可能な問いになっていくのか、その過程が、学生の思考の痕跡やそれに対する教師の働きかけを含めて示した。ここでも教師と学生との具体的なやり取りを読み取ることができるだろう。

具体性を高めることは、そこでのやり取りの機微の読み取りを可能にする。その一方で、個別性が高まる分、その具体例から何を読み取るかには、読者なりの想像力が求められる。そうした弱点をできるだけ補うために、前述の通り、振り返りの議論を挟んだ。メタレベルで学ぶ側と教える側が「反省会」を展開することで、個別の問題を超えた、教え学ぶ技術についての理解を助けたいと願ったのである。

本書を通じて、批判的思考力につながる問いの立て方・展開の仕方についての教え学ぶ技術が伝わることを願ってやまない。そうすることが、冒頭に書いた、不毛とも思える議論のあり方を変えるための第一歩だと信じるからだ。問いという現象をとらえるための切り口を自覚し、その技法を自在に使えることで、前に進める議論ができるようになる。そうすることが、より建設的で生産的な議論を生みだし、自分たちのよって立つ地点を冷静に見極め、将来を展望する思考力を育むことになると確信している。

## 注

このような手間暇のかかる教え学ぶやり方が重視され、長年この大学で続いてきたのには、大学での教育に関する次の理念があるからだ。チュートリアルのねらいとは何かについて、オックスフォードの教員たちが書いた本（Palfreyman, David, ed., *The Oxford Tutorial: 'Thanks, you taught me how to think'*（2nd edition), Blackwell, 2008）には、次のようにある。

「高等教育とは、生涯にわたる学習やキャリアの再生を人びとに準備するものであり、生涯を通じて社会に対し、教育された市民（an educated citizen）として貢献するための（技能を持つ訓練された労働者として経済に貢献するだけに留まらず）準備を与えるものである。」（前掲書一〇頁）

ここで「教育された」市民の資質について、著者はさらに次のように説く。

「高等教育とは、批判的な思考をリベラルな教育を通じて発達させることである。」

「高等教育は、どのような科目を通じてであれ、個人のコミュニケーションと批判の能力（統合・分析・表現）を発展させることである。」

「そこでの特徴は、いずれは時代遅れとならざるを得ない知識をつねにアップデートする方法を学ぶ能力を身につけると言うことである。」（前掲書一〇－一一頁）

これらの引用が示すように、批判的な思考や反省的な思考、あるいはコミュニケーション能力や、自己学習能力といった資質が、リベラルな高等教育（＝チュートリアル）を通じて育成されるという。こうした資質は、日本の教育界でもしばしば耳にするフレーズと似ている。だが、オックスフォードでは、これまで長年実践してきたチュートリアルという教え学ぶ技術こそが、「教育ある市民」を育成する最も重要な方法だという確信を持ち続けてきた。そこに日本との違いがある。オックスフォードの教育については、拙著『イギリスの大学・ニッポンの大学』（中公新書ラクレ）を参照。

# 第Ⅰ部　いかに論理を組み立てるか

# 1日目　抽象と具体によって課題を明確化する

## †クエスチョンをどう読み取ればよいか

**先生**　じゃあ一日目のチュートリアルをやりたいと思います。事前にエッセイ・クエスチョン（小論文の課題）と関連文献を提示して、それをもとにエッセイを書いてもらいました。今回のチュートリアルでは、そのエッセイをもとにして、論理的な考え方、文章の構成の仕方を教えていきたいと思います（より方法論に近いものは二日目に話しますので、読者の方はそちらから読んでいただいても構いません）。

まずは、事前に提示しておいたエッセイ・クエスチョン（左上の表）をみておきましょう。

具体的なエッセイの内容にいく前に、こういう問いにあなたが答える時、このクエスチョン自体をどういうふうに読み取ったかを簡単に説明してください。具体的に、この問い

エッセイ・クエスチョン
日本の教育は社会の平等・不平等にどのような貢献をしたのか。教育に求められる役割と、教育が社会の平等・不平等に与える影響とはどのような関係にあるのか。それはどのように変化し、変化した理由は何か。

リーディングリスト
1. ウィリアム・カミングス『ニッポンの学校』1981：1、4-7章（日本版）
2. 寺沢拓敬『「日本人と英語」の社会学』2015：2、10、11章
3. 鳶島修治「読解リテラシーの社会経済的格差」2016『教育社会学研究』98集
4. 志水宏吉ほか『「学力格差」の実態』2014、岩波書店
5. 中澤渉『なぜ日本の公教育費は少ないのか』2014、勁草書房　序章、1〜5章

をどういうふうに解釈し、どう答えようと思ったか。こういったことを聞くのも、このクエスチョン自体をどのように理解しているかが、こういった問いに答えるエッセイを書く上では大事なポイントだからです。

**学生**　まず、このエッセイ・クエスチョンを次のように読み取りました。

「日本の教育と日本社会の平等・不平等は関係があり、教育が日本社会に何かしらの平等もしくは不平等をもたらしている。そのうえで日本社会が教育に求めている役割とは何か」。

また、そもそも「日本社会が求める」とは何だろうかとも考えました。求めているものが時代によって変化するから、教育の内容が変化していっているのだろうなと。

**先生**　こういった大きな問いに答えるためには、最初にその大きな問題自体の意味を理解することが必要です。「日本社会と教育の関係」、「日本社会の平等」というのは大きな問いで、それにたいして「日本社会が何を求めている」のか。

また、求めているものが変化すると、実際に教育と平等との関係はどう変化するのか。こういった大きな問いに答えるためには、今みたいにまずは問い自体の関係を論理的に意識し、提示していくことが必要ですね。

**学生**　最初の「日本の教育は社会の平等・不平等にどのような貢献をしたのか」というのは一番抽象的な問いだと感じました。だから、その抽象度を下げるために、それについて考えるためにはサブクエスチョンが必要だと次に考え、エッセイの方針として社会が求めている教育の役割やその変化を読み解けば、その大きなクエスチョンに答えられるようになっていくかなと思って読み解いたんですが、間違っていますか？

**先生**　そういった大きなクエスチョンに答えるためのサブクエスチョンが必要だというのはあっていますよ。しかも、サブクエスチョンは、大きな問いをある程度抽象度を下げた問いにするという考え方もとてもいいです。

そのうえで聞きたいんですが、いま話したなかで、このクエスチョンに書かれていない、石澤さんが自分で考えた「日本社会が教育に求めているのはどういうことか」という問いが挟まれているんですけど、これはどういう考えで出てきたんですか？
クエスチョンをそのまま受け取ると、「社会が教育に何を求めるのか」ということに直接答えることになると思うんですが、ここでは「社会が教育に何かを求めていくとはどういうことか」という問いに変わっているわけです。なぜ、この問いを挟んだんでしょうか？

**学生**　そうですね。明確に考えていたわけではないですけど、学力の議論やその内容についての具体的な議論と、社会が求めるもう少し抽象的な議論との間にワンクッションないと、話に飛躍が生まれてしまうように感じたからです。このままでは話がつながっていかない気がするぞと。

**先生**　つまり、社会が教育に何かを求めること自体、今の言葉で言えばワンクッションとして受け取れば、最初から抽象的にならない議論ができると思ったと。

**学生**　そうです。抽象的なことばかり話していると、関連文献で挙げられていた、具体的なリテラシーや読解力、英語のことにうまく結びつかないと思って、具体的な話と抽象的な話を結びつけるために、このような新たな問いを入れました。

**先生**　抽象と具体を結びつけるという発想はいいですね。これは考える力を磨く上で、重要なポイントとなるので、ここで強調しておきましょう。

## †大きな問いをサブクエスチョンに分けていく

**先生** 今回提示したエッセイ・クエスチョンというのはすごく大きな問いが多くて、抽象的な問いから始まります。だからエッセイも、全体が抽象的になっちゃうこともあるんだけど、それにどう答えるか。

今、石澤さんからの説明は次のように言い換えることができます。この問い自体がある程度ブレイクダウンしているところはあるんだけど、大きな最初の問いをブレイクダウンする。つまりは、抽象度を少し下げて、その上でサブクエスチョンに論理的に分けていき、そのサブクエスチョンにひとつずつ答えていくと、最初の大きな抽象的・全体的な問いに答えることが可能になる。だから、エッセイを書く前に「この問いをどう解釈するか」というところで、どうしたら一番うまく答えられるかを考えることが重要なんです。今指摘があったように、抽象的な問いにいかにして具体的な例を提示し、もう少し根拠のある答えを出すか。最初の問いのままだと、問いにうまく答えられないから、それをどうやって答えやすくするかが重要なわけです。こういった作業は大きな問いに答える際には、必須の考え方です。

ただし、その時はただ小分けするだけじゃなく、分けること自体がどういうふうに論理的につながっているかということを意識しないといけません。この論理のつながりを考えるということも、考える力を鍛えるときの鍵となる部分です。

**学生**　論理的につなげることが大事なんですね。そこはあまり意識していなかったかもしれません。

**先生**　後で指摘しますが、この点を十分意識していないと論理や構成に詰めの甘いところが出てきてしまうんですよ。

しかもそれをできるだけ、具体的な問いとして答えられるようなところに落としていく。ある問いに答える時に一番大事なポイントは、その問いをどういうふうに理解・解釈し、答えようとするかという方針を立てることです。その方針を立てる時、問いの論理的な構造を理解することが大切なんですね。

そのうえでさらに問い自体が小分けされているとしても、より答えやすくするためにはどういうサブクエスチョンを付け加えたらいいか。あるいはそれらのクエスチョンの間にどういう論理的関係があり、抽象度がどれくらい違うのか。そういうことをあらかじめ考えてから、答えることがとても大事なんですね。この問い自体はいくつかの問いに分かれてできていて、しかもそれがある程度論理的に分解されていけば、最初の大きな問いに答えられるようにできている。これまでの議論は、そのことを確認するために、質問してきたわけです。読者の方は、次にエッセイを掲載するので、そちらを読んで、具体的なところを話していきたいと思います。

**エッセイ・クエスチョン**

日本の教育は社会の平等・不平等にどのような貢献をしたのか。日本社会が教育に求める役割と、教育が社会の平等・不平等に与える影響とはどのような関係にあるのか。それはどのように変化し、変化した理由は何か。

**エッセイ**

日本の教育は、特に義務教育の範囲では、出自などのバックグラウンドの差に関わらず皆に同じ質で教育が提供されていて、それによって国民全体がある程度以上のスキルや知識を持っているという意味では、「民主的平等」なものになっていると言える。しかし、バックグラウンドの差への配慮、施策が乏しいため、それが要因となって学力格差が生まれていることも確認されている。また、特に高等教育ではたいていの場合、教育費は自分、または家族が出すべきものであり、私的な目的なものという認識が多く持たれているため、経済的な資本の有無なども高等教育への進学に大きく関わる。これらのことから、教育を受けた上で出自の階層を乗り越えるような「社会移動」は起こりづらくなっているとも言える。加えて、性別などによって、同じ教育を受けても、社会の中で実力を発揮できる機会が制限されることもあることから、受けた教育を生かすという観点においても、不平等が見られると言えるだろう。

　教育に関する平等・不平等について、大きく分けて二つの見方ができる。一つは、教育を受ける機会についての問題で①、もう一つは、受けた教育を生かす機会についての問題だ②。一つ目の教育を受ける機会は、個人の人種や出自、年齢、性などといったバックグラウンドの違いがどのように教育を受ける者に影響を与えているか、という視点だ。そして、二つ目の受けた教育を生かす機会は、同じだけのレベルの教育を受けた者が、学校を出た後に身につけたスキルや知識を生かす場面において、個人のバックグラウンドによる不平等が起きていないかという視点だ。また、教育の機会の格差が生むのが、学力の差であると言えるだろう。ペーパーテストの点数などで量的に測りやすく、比較もしやすい学力の差に限らず、教育を受け始める段階と、受けた後の段階の両方について議論することで、教育と社会の平等・不平等を多面的に見ることができると考える。それは、仮に、教育を受ける機会について日本では「平等だ」と言えたとしても、受けた教育を生かそうとした時に不平等が見られれば、社会全体からすれば「不平等がある」と言えるし、逆に、教育を受ければ誰でも平等にそのスキルや知識を生かせる社会だとしても、そもそも教育を受ける機会が平等でなければ、それもまた社会の中では「平等だ」とは言い難いからだ。このエッセイでは、まず一般論として、教育は社会の中でどのように求められているかを整理し、その後、日本での教育を受ける機会の平等とそれがもたらす学力の差を、変化を見ながら考察する。最後に、教育を生かす機会についても言及する。

家庭や地域、学校、企業など、さまざまな場や目的で教育はなされているが、近代以降、社会のシステムとしては公的な教育の機関として学校が作られ、大きな影響力を持っている。中澤（2014）がまとめたラバレーによる学校教育の目標の分類は、「民主的平等」、「社会的効率性」、「社会移動」の三つがあり、どれも教育の目指すべきものとして語られる内容であるが、この三つ全てを同時に達成することは不可能だ（中澤 2014：42-43）。③社会の発展の初期段階では、そこに住む市民の読み書きなどの能力をある程度底上げして自らものごとを考えることができるようになるように、良き市民を育てることが重視される。しかし、その初期段階の教育内容が普及するとともに社会の発展も進めば、教育に求められるニーズも広がる。地位や賃金を向上させるために、他の人が知らないことを知っていること、スキルが高いことといった他者との差異化が求められるのだ。同時に、教育もただ同じ内容を全員ができるようにするだけでなく、差異化をさせていくことが求められていくようになる（中澤 2014：43）。

社会の発展の初期段階に求められる「民主的平等」をクリアした上で、出自を問わず自分が目指した職業に就くことができること「社会移動」が発展の段階を踏んだ社会に求められるとしたら、現代の日本社会で求められている教育の目標も、「社会移動」が実現できるかどうかが重要になると考えられる。④出自を問わず、自分が目指した職に就くためには、まずは、出自を問わず、必要な教育を受けることが必要だ。すなわち、教育の機会が平等でなければ、そもそも「社会移動」は実現しないだろう。「民主的平等」の先で、社会が教育に求める内容は、例えば、PISAで測られる「読解リテラシー」のように、単なる知識の暗記からの応用ができるようになることだろう。「PISA型『読解力』の向上」は、二〇〇五年に文部科学省が各学校に対して取り組みを求めている（鳶島 2016：220）。さらに、「英語ができると収入が増える」といった言説が、その真偽はともかくとして人々の間に広まっていることから、英語力も、今の社会に求められている内容と言えるだろう。

現代の日本の教育を受ける機会は、一つの方針の「平等」が見て取れる。⑤それは「平等な処遇」（苅谷 2004）だ。出自や性といった属性による扱いの違いをせず、誰にでも同様のチャンスを与えるという考え方で、たとえば学校の入試制度は、均一の環境で、一斉に、全員が同じペーパーテストを受ける、その結果をもとに、学校への入学が決められる。推薦入試など、ペーパーテストを用いない入試制度もあるが、普通、「一般入試」というと、全員が一斉に受ける試験の結果を反映させたシステムだ。この方針により、日本では国民全体の進学率は上昇し、国民一般の知識技能の水準もほぼ一定程度はあるという信頼性につながり、安定した労働力を確保することができたことは日本の戦後の経済成長の助けの一部にもなったと中澤は分析する（中澤 2014：63）。

こういった属性に関わらず同じ扱いをするという意味では一つの「平等」が成り立っていると見ることもできそうだが、一方で、この制度は受験者の限りないバックグラウンドの差異を無視することになる。⑥たとえばアメリカでは、日本とは異なり、「社会的なカテゴリー（人種や性）の間で進学率や失業率に差がなくなった時を結果の平等と捉える」（中澤 2014：59）。結果の平等を実現するために、格差を是正するような具体的な施策を取り入れるのだ。バックグラウンドの差異を無視した教育の機会の提供は、ラバレーが示した教育の目標の一つである「社会移動」を起こしにくいと言える。[7][8]不利な環境出身の者は、その不利を考慮されずに、他の有利な環境で育った者と一緒になって競争に入っていかなければならないとしたら、その不利を覆すのは簡単ではない。例えば、[9]鳶島(2016）によると、PISA試験の読解リテラシーの項目において、「統合・解釈」や「熟考・評価」の項目の点数は、受験生の出身階層の影響が大きく出ている。また、ひとり親家族の生徒は、「アクセス・取り出し」の項目で得点が低いことの原因には、深刻な経済状況が反映している可能性があることも指摘している（鳶島 2016：231）。全員が同じ環境で一斉に同じペーパーテストを受けることで学校の入学試験の結果が決まることが多い中で、出身階層や家族構成などのバックグラウンドが学力に影響するのであれば、やはり、バックグラウンドの差異は教育の機会に影響を与えていると言えるだろう。[10]そして、良い環境で育った者がより良い学校へ行き良い教育を受け、不利な環境で育った者はなかなか良い学校には入れないのだとしたら、ここには不平等があると言えそうだ。

　過去に遡ってみると、日本の学校教育に対する評価は変わる。例えばカミングス(1981）は、高度経済成長を経た日本の学校を「平等」「公平」といった言葉で評価していて、日本社会のことを「世界で最も平等な社会のひとつ」と表現している（カミングス

1981：7)。[11] カミングスは戦前の日本の階層や家族形態と戦後のそれの変化を検討し、ホワイトカラーの増加、家族構成が核家族に収斂したことや家族内での合意された平等な役割分担などと言った観点から、階層間の違いは戦前よりも目立たなくなっていると評している（カミングス1981：111-117）。戦前の日本では、教育資源の制限などから、地方によって与えられる教育の質に格差があったが、戦後、ＧＨＱによる改革や、法の改正などの影響で人々の意識も変わり、地域による教育の格差もほとんどなくなったとカミングスは指摘する。学力の観点においては、確かに高等教育への進学は出身階層が中流、もしくは上流階層の者が多く進学していることは見られるが、一方で、中等教育までの学校での成績は、大学入試の成功や大学での成績には関係がなかったと指摘する。初等・中等教育の成績が、将来に大きく響かないことが教員にもわかっているため、教員は、生徒の成績だけにとらわれず、生徒たちを勇気付けるために柔軟に評価をしているようだ（カミングス1981：215）。学校の成績にばかり目くじらを立てず、柔軟に生徒を評価する、できるだけ公平に生徒を扱おうとする当時の学校現場は、確かに当時の「一億総中流」と言われた日本社会において「平等」なものであるとみなされていたのだろう。[12]

その後、経済状況や社会情勢の変化とともに、社会が教育に求める方針や内容も変化をした。それに合わせ、日本では多様な教育改革が行われたが、改革を進める中では生徒の学力の低下や学力格差の拡大などが指摘された。志水ら（2014）による研究では、学力調査の結果を、「ゆとり教育」の前（一九八九年）と後（二〇〇一年）、そしてそれに続く

「確かな学力向上路線」への路線変更後（二〇一三年）の三回に渡って比較し、生徒たちの学力低下や学力格差について検討している（志水ほか 2014）。

もともと、「ゆとり教育」の狙いは「児童の学校生活に、ゆとりと充実をもたせる」ことだった（藤田 2005：187）[13]。激化する受験競争を背景に、「知識詰め込み型」の教育を見直すために、学習指導要領の中でも座学の授業時数を減らして、「総合的な学習の時間」を取り入れて科目横断的な取り組みをするなど、学校生活にゆとりをもたせるための新たな方針だった（藤田 2005：187）。志水らの研究から見られるのは、初回の一九八九年の生徒たちの成績に比べ、「ゆとり教育」が導入された後の二〇〇一年には、小学校、中学校の国語と算数／数学において、平均点が下がり、点数のばらつきも広がっていることがわかった。

その後、「ゆとり教育」の結果としての学力低下が注目されると、「確かな学力向上路線」へと教育の目的が切り替わる[14]。その結果、二〇一三年には、一九八九年ほどではないが平均点も上がり、標準偏差も小さくなっており、緩やかな「V字回復」が見られる（志水 2014：13）。カミングスが「平等」だと論じた一九八〇年までの日本の教育の続きとしての一九八九年の試験の結果から比べて、「ゆとり教育」が導入された二〇〇一年の学力調査では、「家庭環境の影響はかなり強まっていた」（志水 2014：22）。学校での詰め込み教育という方針を緩めた「ゆとり教育」という学校環境の中で、生徒たちの家庭での過ごし方、親の方針が、より学力に結びついたのだろう。それにより、学力調査の点数のばらつきも広がったと考えられる。その後、「ゆとり教育」への批判が強まる中で「確かな学力向上路線」に切り替わると、「家庭の教育的環境」の影響が大きく弱まった（志水2014：22）。勉強の場の重心が学校に戻ると、学力は家庭の影響をあまり受けず、それに伴ってまた点数のばらつきも減ったと考えられる。試験で試すような学力を身につける場の重心が学校にあるのか、その外に置かれるのかによって、学力にも差がつき、学校に重心がある方が学力は全体的に高くなるということは、家庭の環境に比べて、学校が生徒の学力について担う役割はかなり大きいと言えるだろう。

しかし、志水らによるこの研究の対象は、大阪府内の小学校と中学校を対象にサンプルが集められているため、高等教育についての議論にも応用できるとは限らない。⑮中澤（2014）の指摘するように、日本では高等教育は私的なものとされ、その選択や、経済的な負担も家族や本人次第と認識されている。義務教育で、基本的に皆が同じような施設で、同じ指導要領に沿って同じようなスピードで勉強を進める小中学校と、大学によって特徴を持った設備や講義がある高等教育では、生徒（学生）の学力を決める要因にも違いがあるだろう。

また、教育を通して得たスキルや知識を生かす機会が平等かという視点については、寺沢（2015）による研究から現代の日本の状況が読み解ける。⑯英語力をどれだけ持っているかという観点については戦前から出身階層に格差があり、今もその傾向は続いているが、英語が使えたとしても、「英語力活用機会の不平等」があるため、一部の人には英語力を活かす機会が与えられないという不平等が起きている（寺沢2015：46、206）。特にこの機会の不平等は性差で多く見られ、女性は、男性に比べて、仕事の場において英語力を発揮する場面は平等に開かれていない（寺沢 2015：206）。英語ができることは仕事上での「武器」にはなるが、女性が英語力を身につけても「男性と同じスタートライン」に立てるわけではない」のだ（寺沢 2015：210）。

日本社会において、国民全体が同じような教育の機会を与えられ、義務教育を通してある一定以上の学力を身につけ、それが一定以上の労働力の質の輩出にも繋がっているという点においては、基礎的な部分では、社会の中で「平等」を作り出すことができていると言えるだろう。しかし、マイノリティの生徒やひとり親家族の子どもなど、比較的不利な環境にいる者の不利に考慮がほとんどなされないという状況は、不利な生徒の学力を向上させる環境には向いていないようだ。環境が不利なために学力が向上しない生徒にとっては、一斉に同一のペーパーテストを受ける進学のための入学試験は他の生徒よりもさらに厳しいものになり、社会移動を実現させるのは難しいと言える。さらに、高等教育については私的なものであるという認識が強いため、経済的資本も必要となる。加えて、身につけた学力も、性差などの属性によって、それを活かす機会に不平等があるというのが、現代の日本の状況だ。出自を問わず、自分の好きな職業を目指し、それを実現できるという意味での「平等」は、実現できているとは必ずしも言えないだろう。

参考文献一覧

ウィリアム・カミングス『ニッポンの学校』サイマル出版会、一九八一年

苅谷剛彦『教育の世紀』弘文堂、二〇〇四年
志水宏吉ほか『調査報告「学力格差」の実態』岩波書店、二〇一四年
寺沢拓敬『「日本人と英語」の社会学』研究社、二〇一五年
鳶島修治「読解リテラシーの社会経済的格差」『教育社会学研究』98集、二〇一六年
中澤渉『なぜ日本の公教育費は少ないのか』勁草書房、二〇一四年
藤田英典『義務教育を問いなおす』ちくま新書、二〇〇五年

### †導入部では何に気をつければよいか

**先生**　それでは、具体的にエッセイの内容に入っていきますね。読者の方は必要に応じて、このエッセイにもどったりしながら、以下の議論を読み進めてください。

第一段落に「日本の教育は、特に義務教育の範囲では、出自などのバックグラウンドの差に関わらず皆に同じ質で教育が提供されていて、それによって国民全体がある程度以上のスキルや知識を持っているという意味では、「民主的平等」なものになっていると言える。しかし、バックグラウンドの差への配慮、施策が乏しいため、それが要因となって学力格差が生まれていることも確認されている。また、特に高等教育ではたいていの場合、教育費は自分、または家族が出すべきものであり、私的な目的なものという認識が多く持

たれているため、経済的な資本の有無なども高等教育への進学に大きく関わる。これらのことから、教育を受けた上で出自の階層を乗り越えるような「社会移動」は起こりづらくなっているとも言える。加えて、性別などによって、同じ教育を受けても、社会の中で実力を発揮できる機会が制限されることもあることから、受けた教育を生かすという観点においても、不平等が見られると言えるだろう」とありますが、これはイントロダクションのつもりで書いたと思うんだけど、これは導入部ですよね。どんなことに気を付けながらこの最初の段落を書きましたか？

**学生**　エッセイ・クエスチョンの最初の問いである「日本の教育は社会の平等・不平等にどのような貢献をしたのか」ということにできる限り一番端的に答えるならこうかな、と考えて、最初の段落を書きました。もちろん後の段落でどんどん細かく説明していくけれども、一番抽象的に語るとしたら「こういう面では社会の平等に貢献していると言えるし、こういう面では社会の不平等を生んでいるだろう」みたいなかたちで一番大きな答えを書いたつもりなんですが……。

**先生**　うーん、ではもう少し突っ込んで聞きましょう。これはエッセイ・クエスチョンの問いの答えなんでしょうか？　それともさらに答えていくための問題の提示なの？　どっちなんでしょうか？

**学生** そう聞かれると、これは、答えというよりは「こうやって見ることができそうだ」という仮説のようなイメージですね。

**先生** そうだよね。それが最初に聞きたかった答えです。ここは後の議論の前提となるような言葉で書かれてるんだよね。だから、議論の前提をある程度抽象的に捉えて、まずは大きな問いにたいして大きく答えておく。導入というのはいくつかの書き方があるんだけど、第一段落の役目は問題設定の前提となるような記述をすることです。

ここでは、後でキーワードになるような言葉が「民主的平等」「社会移動」というようにカギカッコでくくられている。これは教育が社会の平等・不平等にどのような貢献をしたかに対応する見方になっているわけだよね。だからここはすごくよくできている。

あなたがどうやってこの問いに取り組もうとするか。その導入として最初から「この答えではこういうことを書きますよ」ということの前に、まずは議論の前提となるような記述をしている。そこがよいと思いました。

**学生** ぱっと答えが思いつかない質問が続いたので、そう聞いてほっとしました。

**先生** 安心するのはまだ早いです。次の段落では、「教育を受ける機会についての問題」（傍線部①）と「受けた教育を生かす機会についての問題」（傍線部②）と二つの見方が提示されています。しかもその時、同じ段落の中でこのエッセイ全体の構成が紹介されている。この二つに分けることが構成の決め手ということだよね。二つの問題に分けるというのは、どうやって思いつきました？

**学生**　エッセイ・クエスチョンを読んだ時、最初に浮かんだ「社会の平等と不平等って何だろう」という疑問ともつながりますが、教育の平等について本を読んでいった時、教育を受けている中での平等について、たとえば学力がどうとか入試での有利不利があるとか、いい教育を受けるために実は平等不平等があるなどといった議論と、教育を受けた後にそれを生かす機会がしっかりあるかという議論が出てきました。これらをごちゃまぜにしては議論ができないと思ったので、どういう分け方ができるだろうと考えた時、教育を受け始める入口の部分と教育を受けた後、それを社会に生かすという出口の部分とに分かれるのではないかと思ったんです。

学校にたとえて平たく言うならば入学前と卒業後みたいな感じです。卒業すれば社会との接点が大きくなるのではないかと思ったので、入口と出口の二つに分けて考えました。

**先生**　それなら入口と出口の真ん中はどうなっちゃうんでしょうか？

**学生**　真ん中の教育を受けている時は、学力についての話になるのかな……。

**先生**　確かに、その二つに分けられるんだけど、その二つの間には論理的にも時間的にも、もうひとつ平等不平等について検討するものが必要ですよね。それをどういうふうに組み込むかによって、このエッセイ・クエスチョンにたいする解答は違ってきますよね？　そこはどう考えました？

**学生**　直接の質問の答えにはならないかもしれないけど、最初は入口、真ん中、出口と三つあると考えたんですが、入口と真ん中はすごくふわふわして境目がないと感じました。具体的にいうと、真ん中のところが学力の話だとしたら、すでに持っている学力を試すことは入学試験ですでにやられているので、そこには明確な境目をつくれないと。

**先生**　意識的にそうしたわけですね。

**学生**　そうです。それならば、教育を受けている最中から次の教育レベルに行くまでを入口と捉えてしまっていいのかなと思いました。あと出口の部分は明確に分かれている気がしたので入口、出口という二つに分けてみました。

**先生**　つまり教育を受け始める段階、受けた後に分けると。でも教育を受け始めるというと、読み方によっては幼稚園に入る前、小学校に入る前の話みたいに取られちゃう可能性もありますよね？　だからここはもう少し考えたほうがいいんじゃないでしょうか。もっとシンプルに言えば、教育が終わる前の段階と終わった後と。

**学生**　たしかにそうすると明確に分けることができますね。

**先生**　もし、考えを進めていく中で、学校に入る前のこともいれるとしたら、それは後で分ければ大丈夫でしょう。入口と出口という二つの見方というのは、それに真ん中をあわせた三つよりもまずはいいと思うんですよ。三つになると複雑になるから二つから始めて、さらに後でそれを深めていくというやり方自体はうまいなと。

## †誤解を受けないような言葉を選ぶ

**先生** でも、この二段落のところで、エッセイを書く上で他の箇所でも気をつけたほうがよい点があります。この書き方だと、論理で分けているのか時間の経過で分けているのかという違う解釈が出てきちゃう点ですね。論理と時間の経過がちょっとごっちゃになっていて、これを時間の経過のように読まれてしまうと、さっきのような質問が飛んできますよ。

このように解釈が分かれてしまう原因には、言葉の選び方・表現に問題があるんです。こういうエッセイを書く時、なるべく誤解を受けないためにはこの表現でちゃんと言いたいことが伝わっているか、これによってちゃんと論理が詰まっているか、抜けがないかということを考えなきゃいけない。でもこの書き方だと、ちょっと抜けがあるように思えちゃう。

**学生** 論理か時間かが明確に意識できなかったから、さっきの質問にもうまくこたえられなかったんですね。

**先生**　そのとおりだと思います。この段落の後半は問いにどう答えるかということですが、ここはとてもよくできていると思いました。まず一般論としてどうなっているかということについて答え、それからは変化を見る。そして最後に出口、教育を生かす機会について考える。全部の答えをこう書こうと思ってから、ここの部分を書いたの？　どうやってここは書いたのですか？

**学生**　最初にまず「こんなことが書けそうだな」ということを書き出して「こう並べよう」と決めた後で書きました。

**先生**　つまり仮決めをしたわけね。それで実際にこれを書いちゃったの？　それとも最後にこれをもう一回見直した？

**学生**　一応、最後に一回見直しはしたんですけど……。

**先生**　先にも話したように見直した時に気づいてほしい点がありましたね。こういう時は最後まで一回書いた後、ちゃんとそういうふうに書けているかどうか振り返って、書き直すことが大事です。それによってこのエッセイの解答の構成が、実際の中身に完全に反映するようになる。だから仮決めは最初にメモ程度で始めていいんだけど、全体の議論が終わった後、もう一回ここに戻ってきて見直すことが必要になる。この「仮決め」というのを意識的にやっておくと、最初にあまり悩まなくてよくなります。ある程度、仮に考え方を決めておいて、そこでまずははじめてみるということです。そして、そのあとで、その「仮決め」を直していくというやり方です。そうすると、問題を解くときの前提と結論とがぴったりくる。結論を書いたあとで仮決めの「仮」の部分を外して書き直すのですから、ぴったりするはずなんですね。

試験の会場みたいなところだとそういった見直しがやりにくいんだけど、その場合にはメモの段階で最後まで見通しを付けて「ああ、これで大丈夫だな」と思ったら、その構成で書くのがよいでしょう。

**†深く考えるときには、戻ったりすることもある**

**学生**　このエッセイの場合だったら、どういう点に気を付けて見直せばよかったんでしょうか?

**先生**　ここでは、どういう順番でここから議論が起きるかということを説明しているんですが、その順番がより有効かどうか。それから実際に書いた後、それがちゃんと反映されているかどうかを見直したときに考え直してほしかったです。その対応関係は実は、人に何かを読んでもらう時にとっても大事なポイントだから。もちろん、これはどんな文章を書くときにもあてはまることです。

それがずれちゃってると「あれ？　こう書いていたのにこの人はどこに行っちゃったんだろう」とわかりにくくなっちゃう。

あと、さっき「教育を受け始める段階と受けた後の段階では論理がちょっと詰まってないところがある」と言いましたけど、そういうことに気が付いたら、たぶんこの文章の書き方が変わるよね。

実はものを考える時は行ったり来たりしながら考えていて、いつも一直線上の時間軸に沿った考え方がずっと展開していくわけじゃない。より深く考えるということは、実は戻ったりするんです。戻った時に前に書いたことをどう変えるかということは、とっても大事なポイントです。

**学生**　戻った時に書きかえるには、たしかに見直さないとわからない点ですよね。

**先生**　それじゃあ次に行きます。いよいよここから議論が始まります。まず中澤渉さんの『なぜ日本の公教育費は少ないのか――教育の公的役割を問いなおす』（勁草書房、二〇一四年）にあるアメリカの歴史社会学者、デヴィッド・ラバレーの議論が紹介されている（傍線部③）。学校教育の目標は「民主的平等」「社会的効率性」「社会移動」の三つに分類される。この三つがこのエッセイの具体的な議論となるわけですが、これを使おうと思った理由は何ですか？

**学生**　学校教育の目標とはそもそも、社会が教育に求めるものを還元したものであると読み取りました。社会とは基本的に、こういうことを教育には抽象的に求めている。それを大きく分けるとこの三つである。具体的な英語力とかの個別の能力よりも、社会が求めているものをすっきりまとめていると思ったからです。

**先生**　日本社会が教育に求めるとはどういうことか、何を求めるのかという具体的なことの前に、社会が教育に何かを求めているというのはいったいどういうことなのか。そういうことを議論する時には、ワンクッションとして学校教育の目標の分類というアイディアが役に立つと思ったのね。

**学生**　そうです。いきなり英語力のアップを目指していると言われてもピンと来ないと思ったので。

**先生**　後の議論で抽象度を少し下げる時、この三つが使えると思ったのね。

**学生**　そうです。

**先生**　しかも中澤さんはこれらを単に三つ並べるだけでなく、これら三つを同時に達成することは不可能だという文脈で使っている。ここがミソなわけですね。

二つが並び立たないことをジレンマと言うけど、これは三つだからトリレンマと言うんだよね。三つのうち二つは成り立っても、残りの一つが成り立たない三すくみの状態が生まれる。これがこの議論の一番大事なことです。それが三つあって、その三つがどういう関係にあるかが後の議論の展開を支えているわけです。その意味ではこれをここに持ってきて、後の問いに答えようとしたのはとてもいいやり方だと思います。その時にこの三つが同時には並び立たないということを、エッセイを書いていく時にどれぐらい意識したの？

**学生**　意識という面ではずっと意識はしていたつもりです。中澤さんあるいはラバレーが書いたようにこれらは並び立たないけれども、社会の発展の段階によって重点が変わる。あるいは三つのうちのどれが大事になるのかが変わる。その三つが成り立ってないから日本の社会は不平等だという考え方じゃなくて、日本社会の発展の段階として今、これを求めるはずの段階なのではないか。そういうことを意識して書きました。

**先生**　これはエッセイ・クエスチョンのもうひとつの問い、「それはどのように変化し、変化した理由は何か」ともつなげようとしたわけね。

**学生**　そうです。

**先生**　これら三つは単に三すくみの状態じゃなくて、これらを社会の発展の段階と結びつけると、ある段階で求められて、それが変化していくと次の段階に移っていく。そうするとそれが並び立たない時にどうなるか。それが議論になるわけですね。こういうことをしっかりと取り入れながらやるのがひとつのポイントです。

この中澤さんやラバレーの議論であれば、時間とともに求められるものが変わる。社会が教育に求めるとはどういうことかという問いにたいする答えが変わる。それは、具体的な目標だけではない。社会の発展によって、社会が教育に求めるとはどういうことなのかが決まる。

それをエッセイの中で答えに出そうと思ったら、その論理をしっかり理解していないと後が続かないんだよね。しかもそのことを明確に意識しながら書いたんだと思いますが、ただ、いくつかのつながりのところで曖昧なところが残っていて、言葉がちょっと足りないため、それをどのくらい明確に意識していたのか、ややわかりにくいところがある。

この三すくみであるというポイントと、社会の変化によって教育に求める目標が変わってくるということをいかにして全体の中で論じるか。それに対する意識化をもう少しはっきりさせておくと、後の記述がもっと論理的に見えやすくなってくるでしょう。

**学生**　わかりました。確かに漫然と見直していても、どこを修正してよいかわからないので、そういう指針があると助かりますね。

†抜けがないように論理を挟み込む

**先生** じゃあ次の段落に行きましょう。社会の初期段階としてまずは教育に「民主的平等」が求められ、次の段階では「社会移動」が求められる（傍線部④）。ここで最初の二つの見方に対応し、教育を受け始める段階と受けた後の段階が出てくるんだよね。この段落をもう少し論理的かつ明確にしておくと、全体の構造の中で「民主的平等」「社会移動」を概念としてどう使えるかということがもっとはっきりしたでしょう。

もっと具体的に言うと「すなわち、教育の機会が平等でなければ、そもそも「社会移動」は実現しないだろう」というところまではいいんだけど、それに続いて「民主的平等」の先で社会が教育に求める内容は「読解リテラシー」や「英語力」だろうと書かれている。よりわかりやすくするためには、「「社会移動」は実現しないだろう」からその次の文章に至るところの論理の展開をもう少し説明する必要があります。

現状では、この段落の後半では突然、社会が教育に求める内容が具体的になるんだけど、このように指摘された後で書き直すとしたら、どうしますか？

**学生** 「現代の日本社会が若者に求める力を具体的に挙げるならば」みたいな言葉を挟むと思います。

**先生**　そう。そういう論理を挟み込むと、何らかの社会が求める能力を持っているか持ってないかということが「社会移動」の実現を決めることがわかりやすくなるわけだよね。
社会的出自を問わずにどんな能力を持てるか。これが実は「民主的平等」の次の段階の「社会移動」が重要になる時、社会が教育に求める内容になるわけですよね。ここで今言ったようなことをつなげて書くと、このエッセイの議論の展開はもっとはっきりする。

**学生**　確かに、この文章をいれるだけでイメージは変わってきますね。

**先生**　今のことをもう少しメタレベルで言うと、議論の流れとしてはこのままでも読めちゃうんだけど、「民主的平等」から「社会移動」の段階になってきて、社会が教育に求める内容をより具体化しようと思っている時、「社会移動」を可能にするものは何かという論理を一回挟んでいるんだよね。こういう論理の展開をどれぐらい意識しているかどうかが伝わりやすさの違いになります。
「社会移動」を可能にする能力は何かというところで、「読解リテラシー」や「英語力」が出てくる。これは文献で読んだ知識で、それをどうつなげようとしているか。そういう時、どういう推論で具体的なことを抽象的な議論につなげるか。そういうことを明確にするのが大事です。
実はこれが、論理的に考える時のポイントです。抽象的な議論だけでなく、具体的な証拠・事実を使いながら、ちゃんとそれを論理としてつなげていく。自分の頭の中でどのように論理が展開しているかということに意識的でないと、さっき先生が指摘したようなミッシングが生まれちゃいます。そこに論理をつなげる表現が一つ加わっているかどうかで、この段落の意味が論理的にはっきりわかるようになるわけです。そういうことを書けるようになるのが、論理的に考えられるということです。

**学生**　抽象と具体をつなげるための言葉が必要なんですね。これは常に使うことになりそうなのでメモしておきます。

**先生**　そうですね。ここでは、まず教育を受け始める段階、その後の段階という二つの見方を提示してそれを中澤さんとラバレーの議論につなげ、社会の発展によって何が求められるかというところで「社会移動」が出てきた。これは論理的につながってるんですが、これを今度具体的な例に戻すところで、そのことを意識した表現を一つ入れてあげるだけで、この議論の意味がもっとわかりやすくなると思ったんです。

本当は今のような説明をする前に、この間の推論をどうやったのかを聞こうと思ったんだけど、答えを先に言ってしまったね。

## †三つ出したら、三つすべて使い切る

**先生**　次の段落では三つの文献を使って平等についての議論が始まるんだけど（傍線部⑤）、これはどうしてここに入れたの？

**学生**　ここはこの段落単体で考えたというよりは、次の段落では「社会移動」を起こしにくい日本の教育について書こうとしたんですが、それだけを書いたのでは今の日本の教育の現状について偏りなく語ることはできないと思って、次の段落（傍線部⑥）をより強調したくて、このようにしました。

今こういう平等はあるけれども「社会移動」にはつながっていない。ただ「社会移動」が起きていないというだけでなく、「処遇という意味では平等になっているけれども、それと「社会移動」は別の議論なのだ」ということを書くためにここに入れました。

**先生**　これもさっき説明したように、社会変化の時間軸の中でこの段落を読むのと、論理として読むのとでは解釈が違ってきます。ラバレーの三つの要素を論理を構成する要素としてだけ読めば、これはこれで三つの間に矛盾があるということが言えるんだけど、これを社会の変化と結びつけ、教育に求められるものの変化を表すものとして読めば、「民主的平等」から「社会移動」へという議論に入ってくるわけだよね。ところがその後「社会

的効率性」というのが出てくる。

この段落で書かれている処遇の平等というのは、みんな同じにして、そこで同じ処遇を与えるものだと考えると、少ないコストで社会に貢献する教育が出来るということになりませんか。中澤やラバレーの議論を広げると教育にかけるコストを少なくして、社会に役立つ労働力が育成できたら社会的に効率的です。それは、「社会的効率性」につながる話じゃないですか？

**学生**　たしかにそうですね。

**先生**　大人数の授業もこれにあてはまるしね。あとペーパーテストの入試によってみんなのモチベーションを高めたり、国民一般の知識水準を高めたりする。これ、みんな「社会的効率性」の話じゃない。

**学生**　ああ、そうか。たしかにそうですね。

**先生**　でも、それは「民主的平等」にはつながるかもしれないけど「社会移動」にはつながらない。ここに矛盾が発生する。

**学生**　なるほど。

**先生**　せっかくラバレーと中澤さんを使って、かつトリレンマって言ってるんだから、「社会的効率性」のコンセプトもさらに付け加えて議論するのか。それともう一回日本の状態を説明しておいて「いや、でもその平等だと「社会移動」は難しいんだよ」という議論をするのか。

今のラバレーと中澤の議論の使い方だと、幅もしくは奥行きが出てこないじゃない。せっかく入試制度の情報を入れ、トリレンマの議論をしていながら、ここのところで「社会的効率性」が出てこないということに気が付かなかった？

**学生** はい。

**先生** 三つ出したんだったら、なるべく三つ使ったほうがいい。三つあるからここで使ったのかなと思ったんだけど、そうじゃなかったんだね。

**学生** うーん、そうですね。

**先生** これは先生の深読みだったね。

**学生** 深読みでした（笑）。

### †ぼんやりとしたアイディアに明確な言葉を与える

**先生** そういうふうに見るとつながりが見えてくるし、トリレンマが生きてくるじゃない。小学校でみんなに「民主的平等」を与え、高校や大学に行けるようになっても、私（苅谷）が言うところの「平等な処遇」に留まっていたら、これはもしかするとその次の段階に行く手前の時期でもあるかもしれない。議論の特徴をどういうふうに上手く使いこなすかという点において、実はこの段落は鍵になる部分だと思います。

せっかくトリレンマの議論があるのに、エッセイを書いている人はそのことに気が付いてない。でも気が付いてないけどこれが書けたということは、何かこういうものを求めたいというぼんやりとしたアイディアがあったんじゃないか。

**学生**　たぶんそうですね。後出しじゃんけんみたいになってしまうけど。

**先生**　でもそのぼんやりとしたアイディアにもっと明確な言葉を与えないと、論理的につながってこない。この場合、自分の持っている材料がさっきの三つの分類だとしたら、そこを頭の中に入れている時、それはとぎれることなく時間的にも変化を示している。教育の入口と出口という二つの見方のもとでこの三つを考えて議論を進める時、自分が入口・出口という二つの見方をどこでどう使っているか。それを意識してその三つの概念をいつも頭の中で使う。

**学生**　頭の中で使うのって簡単じゃないですよ。

**先生**　とりあえず「これは三つあるよ」と言っておいて、そのうち議論の中心は「民主的平等」と「社会移動」で、特に「社会移動」のほうが重要ということになると、三つを使うことの意味が高まってくる。このトリレンマの議論の強いところは「二つは成立するけど、一つは成立しないよ」というところです。「民主的平等」と「社会的効率性」が実現したのに「社会移動」が実現しないのではないか。ここで書かれている「平等な処遇」というのは、そういうことを言うには極めていい材料です。それをうまく使えていないのは、今回のエッセイの中では、あまり良くないところだね。

**学生** やっぱり「民主的平等」「社会移動」「社会的効率性」のトリレンマの構造を導入としては使ったけど、それを最後まで意識できなかったかもしれませんね。こういった考えるための枠組みについては、今度いろいろと質問させてください（第二回目で）。

## †入れる接続詞で一気に見え方は変わる

**先生** わかりました。では、次のところで、具体的に、いかにその平等の実現が難しいかということを論じている（傍線部⑦）。この段落の六行目に中澤さんの文献の引用で「社会的なカテゴリー（人種や性）の間で進学率や失業率に差がなくなった時を結果の平等と捉える」とある。そして続けて「結果の平等を実現するために、格差を是正するような具体的な施策を取り入れるのだ」とある。この結果の平等の議論は、さっきの「民主的平等」「社会的効率性」「社会移動」の三つとどう関係している？　というか、ここでの平等の議論は三つのうちどれに対応していると思いますか？

**学生**　「社会移動」です。

**先生**　そうだね。「社会移動」を起こしにくいということを説明する時、結果の平等を使うわけだよね。その次に「バックグラウンドの差異を無視した教育の機会の提供は、ラバレーが示した教育の目標の一つである「社会移動」を起こしにくいと言える」とある。さらに「不利な環境出身の者は、その不利を考慮されずに、他の有利な環境で育った者と一緒になって競争に入っていかなければならないとしたら、その不利を覆すのは簡単ではない」とし、例を挙げている。ここの「「社会移動」を起こしにくいと言える」と、その次の「不利な環境出身の者は……」という文章の結びつきはどうやって考えた？

**学生**　バックグラウンドの差異を無視すると「社会移動」を起こしにくいということが言いたかったんですが、これだけ書いたのでは「それってつまりどういうことか」ということが伝わらないと思いました。そこで「社会的なカテゴリーによって進学率や失業率に差があったとしたらどうなるのか」ということを自分なりに少し抽象度を下げ、具体的に「もしこうだったらこうでしょう」ということを挟んだうえで「例えば……」という具体例につなげようと思って書きました。

**先生**　ここで「……「社会移動」を起こしにくいと言える」と「不利な環境出身の者は……」との間（⑧）に接続詞を入れるとしたら、何という言葉を入れますか？

**学生**　「仮に」とか。

**先生**　「仮に」か。もしこれが仮説的なことであれば、「仮に」でもいいんだけど、ここは論理的には「なぜなら」だよね。

**学生**　そうか、「なぜなら」ですね。

**先生**　「なぜなら仮に……であれば……だからだ」と書けばいい。この文章のつながりは理由を説明しているんだよね。「社会移動」を起こしにくい。だから次に「例えば……」とつながってくる。「これを理由として考えてるんだよ」と言うためには接続詞が必要で、入れたほうがよくわかる。

接続詞というのは、論理の展開にとってとても重要なキーワードです。「この人が頭の中で二つの文章をどうつなげるか」。「しかし」なのか「だから」なのか「なぜなら」なのか。あるいは「それに比べて」なのか。それは理由なのか順接なのか逆接なのか。そういうものを大事な文章のポイントで入れるか入れないかは、実はすごく重要なことです。

先生が「「なぜなら」はどう?」って聞くまでは「なぜなら」という接続詞を考えてなかったということは、そこまで明確に考えてなかったということだね。

**学生**　残念ながらそうですね。

**先生**　論理の展開を意識していれば、ここで「仮に」よりも「なぜなら」のほうがふさわしいと気づけたはずです。もちろんいつも文章に「なぜなら」「なぜなら」って書く必要はないんだけど、大事なポイントでそういう接続詞をいれることができるかどうかは、論理を意識しながら書いているかどうか、書くということの中に論理がどれだけ意識化されているか、の分かれ目でもあります。

## †使える概念は常に頭の片隅に置いておく

**先生**　話をエッセイに戻します。いま「なぜなら」を挿入したほうがよいといった文章の次に、「例えば」と出てきます（傍線部⑨）。「なぜなら」以下の「不利な環境出身の者は、その不利を考慮されずに、他の有利な環境で育った者と一緒になって競争に入っていかなければならないとしたら、その不利を覆すのは簡単ではない」という文章は、単にあなたが思ったことではないですよね。さっき、「仮に」をいれると言いましたけど、「仮にそうだとしたら」と言うけどその「仮に」を外すために、その次に根拠を示さなければなりません。その根拠を示すために「例えば」のあとに、「読解リテラシーの社会経済的格差」という鳶島修治さんの論文の引用が出てくるんですね。

その次に「全員が同じ環境で一斉に同じペーパーテストを受けることで学校の入学試験の結果が決まることが多い中で、出身階層や家族構成などのバックグラウンドが学力に影響するのであれば、やはり、バックグラウンドの差異は教育の機会に影響を与えていると言えるだろう」（傍線部⑩）とありますが、これと「読解リテラシーの社会経済的格差」の引用とのつながりはどう考えたの？　この論文から、その次の解釈はどうしてここに入ったんですか？

**学生**　引用することで、具体的なほうに落としたので、それを少し抽象に戻そうとしたんですよ。少し前に書いていたことを鳶島さんの例を踏まえながら再度書いた感じです。

**先生**　そうですか。その時「社会的効率性」という先ほどの概念が頭の中に残っていましたか？　もしそれが残っていれば、「同じ環境で一斉にペーパーテストを受ける」というのは「社会的効率性」の議論とつながっていることに気づくでしょう。

人材育成のために効率性を確保しても、そのことは機会の平等、「社会移動」という面での平等を達成できないことはこれまで述べていることで、それを再度書く時、ここでも「社会的効率性」を取り入れればもっと強く印象付けることができたんだよね。

**学生**　はい。

**先生**　その後に、「そして、良い環境で育った者がより良い学校へ行き良い教育を受け、不利な環境で育った者はなかなか良い学校には入れないのだとしたら、ここには不平等があると言えそうだ」とある。これは「同じような教育を与えるだけでは不十分だよ」ということの例でもあるので、さらに「社会的効率性」とつながってきます。

### †変化を描くために時代をさかのぼる

**先生** その次の段落にいきましょう。ここでは、大きく展開して、今度はウィリアム・カミングスが「高度経済成長を経た日本の学校を「平等」「公平」といった言葉で評価していて、日本社会のことを「世界で最も平等な社会のひとつ」と表現している」という議論が出てきます（傍線部⑪）。その文章の前に、「過去に遡ってみると」とありますが、ここではなぜ過去に遡ってみたの？

**学生** ラバレーの三つの分類の中にある「社会移動」ができていないという議論をずっと進めていたけれども、それはやっぱり社会の発展の段階とつながっているということが意識にありました。これまで、ひとまずは現在のことについて議論したけれども、初期段階の日本はどうだったのか。エッセイのサブクエスチョンに「変化」というのがあったので、これをまず踏まえておかなければと思いました。

**先生** もう一回過去に遡ることで、ここで「変化」につなげようと思ったのね。傍線部⑫に「初等・中等教育の成績が、将来に大きく響かないことが教員にもわかっているため、教員は、生徒の成績だけにとらわれず、生徒たちを勇気付けるために柔軟に評価をしているようだ（カミングス 1981：215)。学校の成績にばかり目くじらを立てず、柔軟に生徒を評価する、できるだけ公平に生徒を扱おうとする当時の学校現場は、確かに当時の「一億総中流」と言われた日本社会において「平等」なものであるとみなされていたのだろう」とあるけど、ここのところをもうちょっと説明してもらえますか？　成績だけにとらわれず柔軟に評価をしているということと、これが当時の日本社会において「平等」なものとみなされたということの関係について。

**学生**　うんと厳しく細かく生徒の成績を付けると、それがその後の進学にも細かくかかわってくるけれども、ある意味どんぶり勘定で成績を付けていると「あなたは小学校で成績が悪かったから、中学校もレベルの低い学校にしか行けない」ということが起こらない。みんなが同じように進めるという当時の「一億総中流」的な社会の中では、足並み揃えて進めるという意味で「平等」を捉えていたのだろうと考えました。

**先生**　わかりました。それでは、これとさっきの「処遇の平等」とはどう関係すると思いますか？

**学生**　そうか。この考え方も「処遇の平等」と言えますね。

**先生**　そう。だから、ここで前の議論とつなげる、関連付けるということができたかもしれないね。

このエッセイを超えちゃう問題かもしれないけど、カミングスの議論は主に小学校のことだけど、なんでこの時代、小学校ではこういうことが可能になったと思いますか？

**学生** それはどういう意味でしょうか。

**先生** この議論は、中学校に行くと少し違ってくるんだよ。

**学生** 教育の内容が難しくないから？ まだ深刻な内容ではないというか。だから、小学校の段階だとそもそも差が出にくい？

**先生** 小学校と中学校の最大の違いは何だと思う？ 年齢も違うし、中学になると教科の中身も難しくなるんだけどさ。

**学生** 最大の違い？

**先生** 最大というか、小学校と中学校の大きな違いがあるでしょう。

**学生** 中学になると科目の先生がいる。

**先生** うん、それもあるよ。

**学生** えーと、六年間か三年間かの違い？

**先生** たしかにそれも違うけど、答えは、高校入試です。

**学生** ああ、そうだった。

**先生** 小学校で中学入試するのは一部の人だけど、中学校ではほぼみんな高校入試があるでしょ。高校入試が目の前にあると、勉強にたいする考え方が変わってくる。だからここで書かれていること、カミングスが言っていることはある意味ではたしかにその通りなんだけど、それが可能なのは小学校という場所には卒業後に入試がないからです。中学校ではその後に高校入試があるから、そうではなくなってくる。これは議論から外れたことではあるんだけど、実はこのことはその後の「社会移動」や処遇の問題とも関係してきます。

### †理論を生かすための言葉

**先生**　カミングスの議論の時代から少し時間が経って、志水宏吉らの研究が出てきます。志水らは学力調査の結果を「ゆとり教育」の前（一九八九年）と後（二〇〇一年）、そしてそれに続く「確かな学力向上路線」への路線変更後（二〇一三年）の三回調査し、生徒たちの学力低下や学力格差について検討しています。

その次の段落で藤田英典の文献（傍線部⑬）が使われているけど、これは参考文献として課題に与えられてないよね。どうしてこれを見つけて使ったの？

**学生**　志水らによる研究では教育の改革があったということが前提になっていて、教育の改革の背景として社会がどういうことを問題視したのかということがあまり書かれていませんでした。ゆとり教育にシフトした時代もゆとりから学力向上路線に行った時代も、その背景をある程度踏まえておかないと、「社会が教育に求める役割と教育がもたらしたもの」について議論するのに少し具体的過ぎると思ったからです。

**先生**　そうするとここで「激化する受験競争を背景に、「知識詰め込み型」の教育を見直すために、「総合的な学習の時間」を取り入れて、学生生活にゆとりをもたせる」という藤田英典の議論を入れたのは、「社会が教育に求めるものは何か」ということに戻ろうとしたんだよね。

**学生**　そうです。

**先生**　そうだとしたら、そのことを言葉にして書かなきゃいけません。なぜ詰め込みからゆとりになったかということは、「社会が教育に求めるもの」は何かということと関係します。これはエッセイ・クエスチョンに書かれているキーワードなので、この藤田英典の理論が生きてきます。しかも、ここには学校教育の目標の分類のところから全部、その議論で組み立てられています。社会からの教育への期待、何を求めるのかということを振返り、その変化を見る時に詰め込みからゆとり（総合的な学習）へということが重要になる。ここで藤田さんの本を読んで使う時、そのことを一言書くだけで文章のつながり方が違ってくる。

そして、その次の段落に「その後、「ゆとり教育」の結果としての学力低下が注目されると、「確かな学力向上路線」へと教育の目的が切り替わる」とあります（傍線部⑭）。社会が教育に求めるものが変わったことによってゆとり教育が採用され、そのことによって今度は学力の面でどうなったか。そういう問題が出てくるわけだよね。

また、話が少しずれてしまうけど、ゆとり教育の前と後、V字回復して確かな学力路線という志水宏吉さんたちの研究は、社会の変化・時代の変化に対応してるんだけど、社会が教育に求める内容や方針が変化したということをもう少し掘り下げていくこともできますよね。なんでこんなふうに変わったんだろうと。

そうすると違う問いが生まれてくるじゃない。エッセイでラバレーの枠組みを使えば、「民主的平等」についてここではどちらかというと形式的な教育の機会みたいなことを言っているけど、「民主的」のほうを中心に解釈すればもう少し違う内容にすることもできる。そういう時に社会が教育に求める内容の中に「詰め込み教育だけじゃ駄目で、もうちょっと問題解決能力や読解能力も必要だ」というように、もうひとつ違う軸が出てくる可能性もあるよね。

### †議論に広がりをもたせる表現

**先生**　あと先ほどの鳶島さんの「読解リテラシーの社会経済的格差」の議論では、ＰＩＳ

A型学力、読解リテラシーというのが出てくるけど、これと志水らの調査、藤田の「詰め込みから総合的学習へ」との関係は何かあると思いますか？

**学生** 知識をどれだけ記憶し、どれだけ出せるか。これが初期の段階の知識詰め込み型で、その後のPISA型学力、読解リテラシーは応用力・自分で考え組み立てる力とか、知識をただインプットしてアウトプットするというよりも発展した力を求めていると思いました。

**先生** ここでも前の時代と後の時代で、社会が教育に求めることとの内容の変化が対応していることがわかりますよね。それを反映したのがこの志水らの三回の調査で、これを踏まえるとゆとりの前とゆとりの時、そこから学力向上路線になった時の三段階で変化を見ているのが次の段落のまとめだよね。

学力向上路線に切り替えたら緩やかな「V字回復」が見られた。要するに一回落ちたものが戻るということですが、ここではこれを「勉強の場の重心が学校に戻ると、学力は家庭の影響をあまり受けず、それに伴ってまた点数のばらつきも減ったと考えられる」と解釈しています。「学力を身につける場の重心が学校にあるのか、その外に置かれるのかによって、学力にも差がつき、学校に重心がある方が学力は全体的に高くなる」と書いていますが、この「重心」という言葉は志水さんたちが使っているんですか？

学生　いえ、違います。

先生　この「重心」という考え方はどこから来たの？

学生　ちょうどいい言葉が思い浮かばなかったので、ひとまず自分で入れた言葉です。

先生　じゃあ自分で考えたのね。これはとってもいい議論だと思いました。単に教え方がどうとかそういう問題じゃなくて、家庭の影響力が強まるということは相対的に見れば、学校の重心が弱まるということだから。学力をつける重心がどこにあるか。重心という言葉を使うことによってここの議論をまとめたのは、いいやり方です。こういうのはとってもオリジナリティがある。学校中心か家庭中心かということではないし、重心というのはバランスの問題だから、どっちの量が多いということだけを言ってるんじゃない。社会全体が教育に何かを求める時、それを学校に求めるのか家庭に求めるのか。そういう重心の違いみたいなことにも発展する考え方で、これはとてもいいですね。

学生　「重心」のような文献では使われていない言葉でまとめてしまうのは少し不安だったので、安心しました。

### †議論を限定することで話を広げすぎない

先生　ここまでの議論が初等・中等の教育についてだったけど、最後に突然、高等教育が出てくるよね（傍線部⑮）。ここの展開がちょっとわかりにくかったんだけど。

**学生**　これは自分でもちょっと無理やりというか、難しいなと思ったところです。最後に教育を受けた後、それを生かす機会について書きたくて高等教育の話をいれました。それまでの初等・中等教育について語る時「受けた教育を生かすのは高校あるいは大学を卒業した後」みたいな話が出てきて、それだとどの教育について語っているのかということがぶれてしまうなと。

だから、受けた教育を生かすという議論につなげるために、高等教育は初等・中等教育とどう違うかということを書いておかなければいけないのかなと思って、ちょっと唐突に書いちゃったという感じです。

**先生**　もちろん日本の教育全体を論じるのに高等教育を抜きに議論はできないだろうし、中学までの教育に比べると高校以後の教育はより私的なものになるのはたしかです。でも、これを全面展開するのは難しい。

こういう時、唐突に出すのはしょうがないんだけど、これを限定的に出すことも一緒に考えたほうがいいでしょう。高等教育は私的なものとしてあり、それ以前の教育とは違うけど、ここでは「ここまでは議論するけどここからは議論しない」ということをはっきりさせることが大事です。それがないから、ここはちょっとつながりが悪い感じがするんですよ。

ここでは「公的なものなのか、それとも私的なことなのか」ということを言おうとしているのか、それともちょっと違うことまで言おうとしているのかわかりにくい。多くの人は大学まで行くようになってるわけだから、高等教育というのは議論として必要なんだけど、そこをどううまくやるか。字数の問題もあるけど、この段落はもっと書きようがあると思うんだよね。

## †一度見直して、議論を限定させることで着地点をみつける

**先生**　その次の段落では、英語力の活用機会の問題が出てきますね（傍線部⑯）。エッセイの中で、「また、教育を通して得たスキルや知識を生かす機会が平等かという視点については、寺沢（2015）による研究から現代の日本の状況が読み解ける」とありますが、今度は高等教育を出てからの問題なんだけど、これは英語だけじゃなくて、その人が大学などで学んだことがどう生かされるかということとつながってきます。
たとえば、ここでは英語だけで女性の問題が出てくるけど、同じ大学を出ても社会に出たら男女ですごく違うじゃない。そういう例をあげてもよかったかもしれないね。英語というのはもちろんここで使ってもよかったけど、もっと前のところ、「社会が教育に求め

るものは何か」「教育を受ける段階で不平等が生まれてくる」という段階でも使えたかもしれない。あるいは、この寺沢の研究を使って、もっと発展させれば、これは英語に関連させて留学する機会があるかどうかということを議論してもいい。

最後の二つの段落はいずれもちょっと中途半端で、もっと工夫が必要です。その前の議論がとってもよかっただけに残念ですね。これだとエッセイとしては弱みを見せることになる。せっかくここまでの議論を上手く論理的に展開してきたのに、最後の二つの部分でちょっとこけちゃったなと。ここはとっても弱いところです。論理の展開から言っても弱いし、それをまとめる議論も弱い。

一番最後はまとめなんだけど、この結論はエッセイ・クエスチョンの答えになっていると思いますか？　一番最後の文章は結論だから、ここだけ読んでもクエスチョンにたいするアンサーになってなきゃいけないんだけど。

**学生**　直接は答えられてないですね。

**先生**　しかも最後のほうの議論にちょっと引きずられたまとめになっているために弱い。最後の二つの段落が弱くなっちゃっているために、このエッセイはもし採点をするとしたら高い点はあげられない。途中までの議論はとてもよかったのに、最後の二段落はとても弱くて腰砕けになっている。だからこのエッセイの中でクエスチョンにどう答えるかということを中心とし、答えられる範囲をちゃんと限定して書いたほうがいい。「答えられないことについては限定的だから、ここでは展開できない」と書けばいいんだから。

せっかく最初に「二つの見方で展開する」と言っていて「社会移動」のところまではよかったんだけど、学校を出てからの教育の生かし方についての議論が弱いために、このエッセイ全体としては自分でつくった枠組みを最後にちょっと裏切っちゃってるんだよね。

**学生**　裏切っているといわれると結構堪えますね。最後が弱くなると、どうしても採点が低くなってしまうんですね。どうも途中から無理にいろんな議論をつなげないほうがよかったのかも。

**先生**　ラバレーの三つの枠組み・目標でスタートし、入口・出口の二つの見方で展開するというのはとても良かったし、受けた教育を生かす機会というところで「社会移動」が出てきてそれについての議論が出てきたのは良かった。

でも、教育を受けた後の段階の平等・不平等というのは実は論じるのが難しい。だって「同じ教育を受けているのに違う結果が出てくる」って言わなきゃいけなくなるでしょ。そうしたら最初に思いつくのは男女の不平等だよね。それからもしかすると同じ学歴を得ても、出身階層・地方によって違うかもしれない。これは教育を生かせるところの違いかもしれないし。それから教育によってどのような能力を付けたかというのも学歴とは違うかもしれないから、そこで差が出るのかもしれないし。能力がなくてもいい大学に入学試験で受かっちゃえば、もしかしたらここで言う機会が生かされてないということにも関係してくるのかもしれない。

この最後のところはいろんな可能性が開かれた議論なんだけど、自分でその枠組みをつくった以上は責任を取らなきゃいけない。といってもそこまで難しく考えてなくても、そこまで議論を展開するのが難しいと判断したら、最初のところの「受けた後の段階」という表現を変えることも可能です。教育を受けた後に何が起こるかというのは大事だけど、学歴の差によって差が継続するという議論と同じ教育を受けて差が出るという議論は実は違う。そういうところをどう論じるかで違ってくるでしょう。

**学生**　そういう裏技があるんですね。

**先生**　裏というよりも正統な方法です。

ここではどちらかというと「同じ教育を受けているのに」と言っているような気がします。「社会移動」の話まではそうではない。「社会移動」のチャンスがあるかないかというのは、実は教育の後の話です。その後の段階のことを「同じ教育を受けた人の間」と限定して論じちゃうかどうかによって、実は「社会移動」の話とは違ってきちゃう。

エッセイ・クエスチョンにたいしてどう答えるかということについて自分で枠組みをつ

くり、論じていくのはとても良かったんだけど、その枠組みを表現する言葉・概念をどう解釈するかによっては後で論じにくくなっちゃうことはよくあります。だから最後に「難しいな」と思ったところでもう一回確認してもよかった。そうすると枠組みを語る言葉の表現の仕方が変わってくる。そういうふうに最後の段落を書き直し、そこで上手くまとめられれば、結論の一番最後の二つの文章も違ってきた。そういうことです。

### †文献のなかの知識をどう活かすか?

**先生**　今までのところで何か質問はありますか?

**学生**　カミングスの『ニッポンの学校』(高度経済成長を経た日本の学校を「平等」「公平」といった言葉で評価していて、日本社会のことを「世界で最も平等な社会のひとつ」と表現したもの)を出した意図は何だったんでしょうか?　この文献だけが小学校を見ているし、他の文献のデータとは繋げにくい感じで、扱いに迷いました。

**先生**　ひとつは「変化」について考えてもらうためです。つまり前の時代と比べて、どこが変わったのかを見るということですね。もうひとつは学校段階の違いです。カミングスの『ニッポンの学校』を読むと、ある時代の日本の小学校はユートピア的・理想的で素晴らしかったということが見えてくる。そうすると後の鳶島や志水らの本を読むと「あれ?

これはどうなったの？」ということになる。このように変化を見るやり方として、ひとつ前の時代を参照する。

『ニッポンの学校』には「集団主義みたいに日本人がまとまって行動する時、小学校はとても役に立った」というようなことが書かれていたと思うんだけど、こういう海外の学者が見た日本の良さがその後、個性重視の風潮の中で集団から個人へと教育の力点が変わっていくという論点が出てきました。そうすると社会が教育に求めるものの変化の中で、集団としての主体性だけでなく、それぞれが個人として創造性や個性を生かせる教育を求めるという変化があれば、それは学歴の中身の変化の問題、あるいは学校中心でやるのか、それとも家族も含めてやるのかという重心の問題などいろんなことにかかわってくる。

文献の中の知識の何を拾ってきてどう生かすか。カミングスの文献には幅があるんだけど、大きくは過去との比較ができて変化を論じられ、もうひとつは小学校の特殊性を見ることができる。そういうことですね。

### †メタレベルで考えたことをメモしておく

**先生**　じゃあ、今回のチュートリアルはここまでにしましょう。

**学生**　ちなみに、どんな学生相手でも、初めから、こういった方法で、エッセイの書き方を教えていくんですか？

**先生**　いつもそうとは限らなくて、重要なポイントから入ることもあります。今回は説明型で入りました。

学生が考えたプロセスを明らかにしつつ、書かれていない学生の頭の働き方を先生が想像・確認しながら、「ここが弱い」と思ったところをわかってもらうための説明をする。これは論理的に考えるということを教えるための最も基本的なチュートリアルのやり方です。論理的な考え方がある程度できるようになると、書かれた順番とは別に重要なポイントから入っていくとか、議論の仕方を変えていくこともあります。

オックスフォードだと英語で教えているんですが、日本語では、接続詞に悩むところがあって、ここはifなのかbecauseなのかという箇所がいくつかある。英語だったらたぶんbecauseって書くと思う。ここはやはり、日本語で文章を書く時の弱さなのね。それをしつこく書き過ぎちゃうと日本語としてこなれなくなっちゃうから。思考の筋道を明らかにするためには言葉を足していかなきゃいけない。だから読んでいる人に「ああ、こうやって論理が展開してつながっていくんだな」ということがわかるようにしたんだけど、実際に日本語で文章を書く時にはそういう書き方をしないんだよね。

**学生**　日本語では論理よりも読みやすさを重視するんですね。

**先生**　では、最後に次の課題を出しておきます。今度はこれを反省してみる時間が必要です。今のチュートリアルを受けて、どういうふうにエッセイを直せるか。直す時、今議論したことによってどこをどう考え直して書いたか。

もうひとつは、その時に自分がどんなふうに考えたか。そういうメタレベルのことを考える必要があります。この反省・書き直しで「学生がこのチュートリアルという指導を受けたことにより、何を学んだのか」ということを言語化する。書き直す時にメタレベルで考えたことと、ここでチュートリアルを受けたことはどう関係するかということを中心に言葉にしておくことで、その力は普遍化していきます。

**学生**　それはノートに書いていけばいいんですか？

**先生**　ノートに書いていけばいいです。このチュートリアルのディスカッションを受けての反省ということで早いうちにノートを取ってみて、それをもとにエッセイを書き直す。書き直した時、そのメモがどう生きたかということをまたメモにしておいてください。

**学生**　わかりました。二段階でメモを取ればいいんですね。

**先生**　それでは次回は直したエッセイについてチュートリアルを実施するので、準備しておいてください。

# 2日目　分析枠組みはこう使う

## †一日目のチュートリアルの振り返り

**先生**　それでは二日目のチュートリアルを始めたいと思います。通常の教え方だと、二回目のチュートリアルはなくて、すぐに書き直したものを読むという段階になるんですけど、今回はその途中経過、つまり、あなたがどんなことを頭の中で操作し、考え方を発展させたのかということを言葉にして示すために二回目のチュートリアルをします。

一日目のチュートリアルでエッセイをもとに、どんな問題点があってどういうふうにしたらより良いエッセイになるかということを議論したんですけど、一回目のチュートリアルでどんなことを学んだのかということを簡単に紹介していただけますか？

**学生**　わかりました。最初にチュートリアルを通して、自分に与えられたエッセイ・クエスチョンがどういう構造になっているのかを理解しなくてはならないということに気づきました（エッセイ・クエスチョンは「日本の教育は社会の平等・不平等にどのような貢献をしたのか。日本社会が教育に求める役割と、教育が社会の平等・不平等に与える影響とはどのような関係にあるのか。それはどのように変化し、変化した理由は何か」）。

最初の「日本の教育は社会の平等・不平等にどのような貢献をしたのか」というのはすごく抽象的かつ大きな問いで、そこからつながる二つの文はより具体的なものになっている。その抽象と具体をどうつなぎ、往復させて問いに答えるのか。それを最初に考えなきゃいけないんだなということを改めて自覚しました。

そして実際に与えられた文献も抽象的な教育について語っている本と、英語教育、読解力などより具体的な能力について書かれている本とに分かれていたので、それをどう使いこなすかということも自覚しなきゃいけないんだなと思いました。

**先生**　なるほど。いいですね。

**学生**　そして、チュートリアルでわかったことは、論を進めるためにキーワードを上手く使う必要があるということです。私は一回目に書いた時、ラバレーの三つの教育の目標「民主的平等」「社会的効率性」「社会移動」は「使えそうだな」と思いました。でも、実際に使ってみようとしたら、「社会的効率性」がほかの文献とどうからむのかがわからなくて、結局「民主的平等」と「社会移動」の二つのキーワードしか使いこなせていなかったことに気づきました。

次に気づいたのは、エッセイの中でいったいどこからどこまで語ろうとしているのかという視点です。まず、自分が語ろうとしていることの範囲をしっかり示さなければいけないということを自覚しました。たとえば社会の変化とともに教育が変化するということについては、どの時代からどの時代までを自分が書こうとしているのかを明らかにしなきゃいけない。あと教育も幼稚園から生涯学習まで全部含めるつもりはないということを、ちゃんと明らかに書いたほうがよさそうだということに気づいたので、その範囲を明確にしようと。

あと、論理のつながりを明確にしなきゃいけないということも改めて自覚しました。たとえば一回目に書いた時、段落の構成の仕方が少し整合性のないものになっていたんですけど、二回目に書く時には時代の変化とともに書くならば時系列を意識したほうがいいなと。そういうことを意識しました。もう少し細かいところで、ロジックがどうつながるのか。段落の中でもちゃんと上手く話を進められているのか。そういう順番も意識しました。

最後にエッセイ・クエスチョンに改めて立ち戻ったうえで文章の構成を考え直し、あとは最後の結論部分がエッセイ・クエスチョンにしっかりつながっているかどうかを確認しました。

**先生**　はい。一回目の振り返りとしてはよく理解できていると思います。

## †自分の議論をどこまでするか、何を使うか

**先生**　じゃあ少し前回を振り返りつつ、どういうところが大事かということを復習しながら進めていきたいと思います。

最初にエッセイ・クエスチョンの構造を理解する。この場合は与えられたクエスチョン（問い）があり、それにどう答えるかという課題なので、まずは課題自体を理解することがとても大事です。その構造の理解に応じてどう論述していくか。まさに構成を考える時、前回ブレイクダウンという言葉を使ったのを覚えていると思いますが、どう問いを分解し、答えられるか。大きな問いにたいしてサブクエスチョンに当たるものに、どういうふうにそれぞれ答えるか。

さっき言ったところはとても大事な点なんだけど、抽象的なクエスチョンをより具体的なクエスチョンに落とすというのがひとつの作業です。演繹的な推論ですね。

もうひとつは文献の使い方についてですが、抽象的な議論をしている文献とより具体的な知識や事実を与えている文献をどのように使い分け、抽象と具体を行き来するか。エッセイを書く時、抽象的な問いに抽象的に答えるだけでなく、いかにしてもう少し内実を付

け加えて具体的に答えるか。そういう時に知識の使い方として「ああ、これは具体的な知識なんだな」「これはもう少し抽象度の高い知識なんだな」という抽象と具体の程度の差を意識したということですよね。これもとっても大事なポイントだと思います。

**学生**　そうですね。文献の使い方はとても勉強になりました。

**先生**　それから二番目のキーワードとして出てきたラバレーの三つの教育の目標という問題があります。前回はこの中で特に「社会的効率性」というのが上手く使い切れてなかった。この三つをいかにして全体の中で論じるか。これは学生側が読み取った事柄なので、誰もがこのエッセイ・クエスチョンにたいしてそのような構成をするとは限らないんだけど、そこに注目したというのはとても面白い論点だと思います。

前回トリレンマという言葉を紹介しましたよね。トリレンマのロジックというのはとても有効なんだけど、前回のバージョンではそれを上手く使いこなせていませんでした。一番の弱点は「社会的効率性」の使い方が十分ではなかったということですが、今回はそのことを意識できたということですね。

何を軸に考えていくかという注目点を決めるにあたって、文献を並列に並べてどれでも均等に論じるのではなく、「自分の argument（議論・主張）にとってこの概念・キーワードはどういうふうに使えるのか」を考えることが大切です。

いま軸という言葉を使ったけど、論述を進めるうえでの枠組みを作る時の要素・概念としてこの三つの目標を使いこなす。それが、このエッセイを書く時の構造を決める。実は構造というのは論議や主張を含んでいるので、それをどう上手くつくりだせるかということに関係してくるんだけど、ここは後でまた出てくる重要なポイントです。でもそのことを自覚したというのはいいことです。

それから三番目、議論の範囲を確定・限定するというのは実は当たり前のようでいてなかなか難しいことです。このエッセイ・クエスチョンにたいしてどの範囲で答えるかということには、いろいろな選択肢がある。もちろん限られた枚数、限られた時間の中でそこに答えを与えるためには、どこかで限定しなきゃいけない。では限定することのメリットは何なのかということを考えると、書けることの範囲を決めるというのは、実はそれ自体が議論の質を決めることになる。だから議論の範囲を限定するというのはとても重要な視点です。

その時、時間もあるし理論的な抽象度もあるし、おそらくはどこまで具体的な事実を使うかということも考えなければならない。そういういろんな組み合わせの中でいろんな範囲があるんだけど、そのことについて自分がある事柄についてはどの範囲で考えているか。議論なら議論、事実なら事実でそれについてどの範囲で考えているか。それを自覚することは実はすごく大事なことなんです。

訳がわからなくなっちゃう人は、その範囲が限定されてないために、どこまで言っていいのか自分でもわからなくなってしまっているんだよね。

限定したら「私はこの範囲で議論する」ということは言ってもいいんです。そのことを言うことによって「その範囲でならこれは当てはまる」という議論はとても大事なことです。無限に議論ができるわけじゃないし、無限定にしちゃうとかえって議論はこんがらがってしまうし、どこに落としどころを付けていいかわからなくなる。

さっき言ったように、この場合には時間軸が主軸として範囲を決めるaspect（要素・特徴・側面）になっている。あとこれは今まで言ってきたことと重なるんだけど、そういうことを考えながらどうやって段落ごとのつながりを意識し、整合的に書くか。あるいは段落の中でもどうつながりを付けるか。これも前回のチュートリアルで学んだことで、それを自覚できたのは良かったと思います。

そして最後に書いたものについてもう一度、エッセイ・クエスチョンに解答しているかどうかというつながりを確認した。ただ、まだそこが十分にできてないところもあります。頭でわかったことと実際に書けていることとの間にまだギャップがあるので、今日はそういったことをもう一段階進めて議論したいと思います。

## エッセイ2回目

日本の教育は、特に義務教育の範囲では、出自などのバックグラウンドの差に関わらず皆に同じ質で教育が提供されていて、それによって国民全体がある程度以上のスキルや知識を持っているという意味では、「民主的平等」なものになっていると言える。しかし、バックグラウンドの差への配慮、施策が乏しいため、それが要因となって学力格差が生まれていることも確認されている。また、特に高等教育ではたいていの場合、教育費は自分、または家族が出すべきものであり、私的な目的なものという認識が多く持たれているため、経済的な資本の有無なども高等教育への進学に大きく関わる。これらのことから、教育を受けた上で出自の階層を乗り越えるような「社会移動」は起こりづらくなっているとも言える。

教育に関する平等・不平等の様子は、社会の発展とともに変化をしている。本稿では、高度経済成長以降から、現代までの間で、社会の変化や社会が求める教育の変化を見ていくことにする。広く教育を捉えれば、未就学児への教育から、生涯学習まで、教育の提供のされ方、対象年齢など幅広く見ることができるが、ここでは、いわゆる「学校」、つまり小学校から大学までの範囲で考えたい。特に、教育を受け始めてから学校を出るまでの期間について、教育を受ける機会の平等・不平等や学力の格差について論じる。

　このエッセイでは、まず一般論として、教育は社会の中でどのように求められているかを整理し、その後、日本での教育を受ける機会の平等とそれがもたらす学力の差を、時代ごとに、社会の変化を見ながら考察する。


　家庭や地域、学校、企業など、さまざまな場や目的で教育はなされているが、近代以降、社会のシステムとしては公的な教育の機関として学校が作られ、大きな影響力を持っている。中澤（2014）がまとめたラバレーによる学校教育の目標の分類は、「民主的平等」、「社会的効率性」、「社会移動」の三つがあり、どれも教育の目指すべきものとして語られる内容であるが、この三つ全てを同時に達成することは不可能だ（中澤 2014：42-43）。社会の発展の初期段階では、そこに住む市民の読み書きなどの能力をある程度底上げして自らものごとを考えることができるようになるように、良き市民を育てることが重視される（「民主的平等」）。しかし、その初期段階の教育内容が普及するとともに社会の発展も進めば、教育に求められるニーズも広がる。地位や賃金を向上させるために、他の人が知らないことを知っていること、スキルが高いことといった他者との差異化が求められるのだ。同時に、教育もただ同じ内容を全員ができるようにするだけでなく、差異化をさせていくことが求められていくようになる（中澤 2014：43）。

　社会の発展の初期段階に求められる「民主的平等」をクリアした上で、出自を問わず自分が目指した職業に就くことができること「社会移動」が発展の段階を踏んだ社会に求められるとしたら、現代の日本社会で求められている教育の目標も、「社会移動」が実現できるかどうかが重要になると考えられる。出自を問わず、自分が目指した職に就くためには、まずは、出自を問わず、必要な教育を受けることが必要だ。すなわち、教育の機会が平等でなければ、そもそも「社会移動」は実現しないだろう。現代の日本の教育現場では、未来の社会を生き抜くことのできる人を育て、「社会移動」が達成されることを目指すような教育内容が盛り込まれている。①例えば、PISAで測られる「読解リテラシー」のように、単なる知識の暗記からの応用ができるようになることだろう。「PISA型『読解力』の向上」は、二〇〇五年に文部科学省が各学校に対して取り組みを求めている（鳶島 2016：220）。さらに、「英語ができると収入が増える」といった言説が、その真偽はともかくとして人々の間に広まっていることから、英語力も、今の社会に求められている内容と言えるだろう。

ここからは、時代を遡り、社会の発展と、それぞれの時代での教育の平等・不平等を見ていく。②まず過去に遡ってみると、日本の学校教育に対する評価は「平等である」と語られていたことがわかる。例えばカミングス（1981）は、高度経済成長を経た日本の学校を「平等」「公平」といった言葉で評価していて、日本社会のことを「世界で最も平等な社会のひとつ」と表現している（カミングス 1981：7）。カミングスは戦前の日本の階層や家族形態と戦後のそれの変化を検討し、ホワイトカラーの増加、家族構成が核家族に収斂したことや家族内での合意された平等な役割分担などといった観点から、階層間の違いは戦前よりも目立たなくなっていると評している（カミングス1981：111-117）。戦前の日本では、教育資源の制限などから、地方によって与えられる教育の質に格差があったが、戦後、GHQによる改革や、法の改正などの影響で人々の意識も変わり、地域による教育の格差もほとんどなくなったとカミングスは指摘する。学力の観点においては、確かに高等教育への進学は出身階層が中流、もしくは上流階層の者が多く進学していることは見られるが、一方で、中等教育までの学校での成績は、大学入試の成功や大学での成績には関係がなかったと指摘する。初等・中等教育の成績が、将来に大きく響かないことが教員にもわかっているため、教員は、生徒の成績だけにとらわれず、生徒たちを勇気付けるために柔軟に評価をしているようだ（カミングス1981：215）。学校の成績にばかり目くじらを立てず、柔軟に生徒を評価する、できるだけ公平に生徒を扱おうとする当時の学校現場は、確かに当時の「一億総中流」と言われた日本社会において「平等」なものであるとみなされていたのだろう。

その後、経済状況や社会情勢の変化とともに、社会が教育に求める方針や内容も変化をした。それに合わせ、日本では多様な教育改革が行われたが、改革を進める中では生徒の学力の低下や学力格差の拡大などが指摘された。志水らによる研究では、学力調査の結果を、「ゆとり教育」の前（一九八九年）と後（二〇〇一年）、そしてそれに続く「確かな学力向上路線」への路線変更後（二〇一三年）の三回に渡って比較し、生徒たちの学力低下や学力格差について検討している（志水ほか2014）。

教育改革は、社会が教育に求める役割のイメージが変化していったために行われた。まず、「ゆとり教育」の狙いは「児童の学校生活に、ゆとりと充実をもたせる」ことだった（藤田 2005：187）。激化する受験競争を背景に、「知識詰め込み型」の教育を見直すために、学習指導要領の中でも座学の授業時数を減らして、「総合的な学習の時間」を取り入れて科目横断的な取り組みをするなど、学校生活にゆとりをもたせるための新たな方針だった（藤田 2005：187）。志水らの研究から見られるのは、初回の一九八九年の生徒たちの成績に比べ、「ゆとり教育」が導入された後の二〇〇一年には、小学校、中学校の国語と算数／数学において、平均点が下がり、点数のばらつきも広がっていることがわかった。

その後、「ゆとり教育」の結果としての学力低下が注目されると、「確かな学力向上路線」へと教育の目的が切り替わる。その結果、二〇一三年には、一九八九年ほどではないが平均点も上がり、標準偏差も小さくなっており、緩やかな「V字回復」が見られる（志水 2014：13）。カミングスが「平等」だと論じた一九八〇年までの日本の教育の続きとしての一九八九年の学力調査の結果と比べて、「ゆとり教育」が導入された二〇〇一年の学力調査では、「家庭環境の影響はかなり強まっていた」（志水 2014：22）。学校での詰め込み教育という方針を緩めた「ゆとり教育」という学校環境の中で、生徒たちの家庭での過ごし方、親の方針が、より学力に結びついたのだろう。それにより、学力調査の点数のばらつきも広がったと考えられる。その後、「ゆとり教育」への批判が強まる中で「確かな学力向上路線」に切り替わると、「家庭の教育的環境」の影響が大きく弱まった（志水 2014：22）。勉強の場の重心が学校に戻ると、学力は家庭の影響をあまり受けず、それに伴ってまた点数のばらつきも減ったと考えられる。試験で試すような学力を身につける場の重心が学校にあるのか、その外に置かれるのかによって、学力にも差がつき、学校に重心がある方が学力は全体的に高くなるということは、家庭の環境に比べて、学校が生徒の学力について担う役割はかなり大きいと言えるだろう。

しかし、志水らによるこの研究の対象は、大阪府内の小学校と中学校を対象にサンプルが集められているため、高等教育についての議論にも応用できるとは限らない。③ 中澤(2014)の指摘するように、日本では高等教育は私的なものとされ、その選択や、経済的な負担も家族や本人次第と認識されている。義務教育で、基本的に皆が同じような施設で、同じ指導要領に沿って同じようなスピードで勉強を進める小中学校と、大学によって特徴を持った設備や講義がある高等教育では、生徒(学生)の学力を決める要因にも違いがあるだろう。

ここで、学力の差という観点から離れ、教育を受ける機会の平等に視点を移したい。④ より良い中学や高校、大学への進学ができたとすれば、より良い教育を受ける機会を得ることになる。そして、それは高い賃金や地位にも結びつくことが期待できる。すなわち、進学は「社会移動」の一つの大きな機会と見ることができる。

現代の日本の教育を受ける機会は、一つの方針の「平等」が見て取れる。それは「平等な処遇」(苅谷 2004、中澤 2014：59 による)だ。出自や性といった属性による扱いの違いをせず、誰にでも同様のチャンスを与えるという考え方で、たとえば学校の入試制度は、均一の環境で、一斉に、全員が同じペーパーテストを受ける、その結果をもとに、学校への入学が決められる。推薦入試など、ペーパーテストを用いない入試制度もあるが、普通、「一般入試」というと、全員が一斉に受ける試験の結果を反映させたシステムだ。多くの児童・生徒に同じ試験を受けさせ、同じ評価基準を用いて学力を測り、それを学校への入学可否の判断に用いるという方針は、ラバレーが挙げた学校教育の目標の一つである「社会的効率性」と見ることができそうだ。なぜなら、受験者の能力を判断するのに、一人ひとり面接をしたり、小論文を書かせて個別に評価をしたりするよりも、一斉に機械的に合否を判断できる「一般入試」は、効率性を重視した方針と言える。また、この方針により、日本では国民全体の進学率は上昇し、国民一般の知識技能の水準もほぼ一定程度はあるという信頼性につながり、安定した労働力を確保することができたことは日本の戦後の経済成長の助けの一部にもなったと中澤は分析する（中澤 2014：63）。

こういった属性に関わらず同じ扱いをするという意味では一つの「平等」が成り立っていると見ることもできそうだが、一方で、この制度は受験者の限りないバックグラウンドの差異を無視することになる。たとえばアメリカでは、日本とは異なり、「社会的なカテゴリー（人種や性）の間で進学率や失業率に差がなくなった時を結果の平等と捉える」（中澤 2014：59）。結果の平等を実現するために、格差を是正するような具体的な施策を取り入れるのだ。バックグラウンドの差異を無視した教育の機会の提供は、ラバレーが示した教育の目標の一つである「社会移動」を起こしにくいと言える。不利な環境出身の者は、その不利を考慮されずに、他の有利な環境で育った者と一緒になって競争に入っていかなければならないとしたら、その不利を覆すのは簡単ではない。例えば、鳶島（2016）によると、PISA試験の読解リテラシーの項目において、「統合・解釈」や「熟考・評価」の項目の点数は、受験生の出身階層の影響が大きく出ている。また、ひとり親家族の生徒は、「アクセス・取り出し」の項目で得点が低いことの原因には、深刻な経済状況が反映している可能性があることも指摘している（鳶島2016：231）。全員が同じ環境で一斉に同じペーパーテストを受けることで学校の入学試験の結果が決まることが多い中で、出身階層や家族構成などのバックグラウンドが学力に影響するのであれば、やはり、バックグラウンドの差異は教育の機会に影響を与えていると言えるだろう。⑤そして、良い環境で育った者がより良い学校へ行き良い教育を受け、不利な環境で育った者はなかなか良い学校には入れないのだとしたら、ここには不平等があると言えそうだ。

教育に求められる役割は、時代とともに変化をした。特に、高度経済成長期やそれ以降、国民全体に一定以上のスキルや知識を効率的に教えることができているという意味では、日本の教育は「民主的平等」「社会的効率性」が達成されていると言えるだろう。一方で、知識を暗記したり英単語や文法を記憶したりできるようになることを超えた、自分で文章を読み解き物事を考えることや英語を使いこなすことといった、現代社会が求める「社会移動」につながるような応用的な能力を学ぶという観点については、出身階層の影響が見られることなどから、未だ不平等があると言えそうだ。

参考文献一覧
ウィリアム・カミングス『ニッポンの学校』サイマル出版会、一九八一年
苅谷剛彦『教育の世紀』弘文堂、二〇〇四年
志水宏吉ほか『調査報告「学力格差」の実態』岩波書店、二〇一四年
寺沢拓敬『「日本人と英語」の社会学』研究社、二〇一五年
鳶島修治「読解リテラシーの社会経済的格差」『教育社会学研究』98集、二〇一六年
中澤渉『なぜ日本の公教育費は少ないのか』勁草書房、二〇一四年
藤田英典『義務教育を問いなおす』ちくま新書、二〇〇五年

## †時系列の使い方

**先生**　今の解答の中にすでに答えが含まれてるんだけど、前回学んだことを踏まえて今回書き直しをする際に、一番どんな点に気を付けて学んだことを生かしたか。特に構成の順番が変わってますよね。そのことについてもう少し説明してください。

**学生**　今回私が使うことにしたラバレーの三つの教育の目標というのは、社会の発展と重ね合わせて論じられているものだったので、これらを三つとも使おうと思った時、社会の発展・時代の変化をランダムに扱っては駄目で、時系列が大事なんだなと考えました。前

回書いた時はその三つを意識できていなかったので時系列が飛び飛びで、それを自覚できていなかったことに気づいたので、社会の発展や時代の経過に合わせて段落を構成し直しました。

**先生**　今の発言はとてもポイントを突いていると思います。ラバレーは必ずしも時系列に沿って言っているわけではないんだけど、あなたはこのラバレーの三つの教育の目標を社会の発展、時代の変化として読み取ったわけね。ここには自分の解釈が入ってるんですよね。つまり、それによって議論を展開しようと思った。そこにあなたなりの気づきがある。

それから、説明する時、今、時系列という言葉を使いましたよね。時系列には、もちろん社会の発展や時代の変化など、そういう意味を持ってるんだけど、それはもう一段階抽象度の高いキーワードです。社会の発展についても時系列という捉え方をせず「より豊かになる」「より進歩する」などという見方もできるんだけど、そこで時系列という抽象化をしたのは何か意図があるの?

**学生**　いろんな文献を読んでいると、その中でたとえば「何年頃にはどうだった」とか「いつからいつまでがゆとり教育だった」というように並べやすく年号が書いてあったので、それは扱いやすいと感じました。

**先生**　でもそれは必ずしも社会の発展、時代の変化とイコールではないよね。

学生　イコールではないですね。

先生　まず一般的・普遍的な概念として時系列というのがあり、そこに落とし込む時に発展の程度・時代の限定と変化がかかわってくる。時代というのもひとつの歴史的特徴を確定するから、単に時間が経ってAからB、BからCというのではない。実はある時代を見るということは、そこに一種の限定が付いています。

だから時系列という抽象度の高い理解の仕方と社会の発展・時代の変化をどう結びつけるかというのは実はひと通りではなく、いろんな可能性がある。時間や時代をどう区別するか、という可能性です。ここで課題とした文献の中からそれを読み取り、しかもラバレーの三つの目標につなげる。ここではのっぺらぼうな時間の軸にラバレーの議論に沿って意味を与え、社会の変化を読み取った。たぶんそういうことが頭の中にあったはずなんですね。そのことをもっと自覚して書くともっと違う書き方ができたんだけど、そこはまだちょっと十分ではないところがありますね。

## †分析枠組みを使いこなす

先生　他に構成の方向性を変えた理由はありますか？

学生　構成の方向性を変えたのは今のような時代、社会の変化を意識したからです。

あと大きく変えたのは次のような点です。前回のエッセイではラバレーについて書いた段落でしかラバレーの言葉を使うことができなかったんですけど、他の文献について語る時にもいったんラバレーの言葉に立ち戻ってみるということを今回は意識したつもりです。具体的なものと抽象的なものをつなぐのにラバレーのその言葉は便利だなと思ったので、文献の事例を具体的なまま放っておくよりも、ラバレーの言葉とつなぎ合わせて抽象度を変えていくということをしてみたいと思って、今回そういう変更を入れました。

**先生** そういう他の情報や知識、つまりラバレーが言っていないことを、ラバレーを使って上手く配置するということを考えたわけだよね。

**学生** そのつもりです。

**先生** 別の言い方をすると、ラバレーの三つの目標を社会の発展・時代の変化として読み取り、それを今度は論述の順番を決めるのに使った。さらには論述の中のより抽象度の低い具体的な事実・知識とつなげる時にも、それを使った。つまり、それはどっちの方向に議論が進んでいくかを示すガイドラインになってるわけですね。最初からそれをガイドラインとして使おうと意図しているわけじゃないんだけど、結果的にそれを使うといろんな知識の順番を付けやすいとか、あるいは抽象度の違うものを乗っけやすいんですね。

そのようにラバレーの三つの目標という理論を使った。そうすると今度は意図的にそれをどれだけやるかということが重要になります。このキーワードを使っていくと議論の順番が決まる。あるいはAからBに行く時、そこではどんな変化があり、それにはどんな意味があるのか。これはラバレーのキーコンセプト・キー概念・キーワードの中に含まれているわけだから抽象的に言っているだけでなく、実際にある論理的な必然性を持つものだといえます。

ガイドラインというのはそのレールに乗ったら、どうしてこっちに行くのかということをある程度ガイドしてくれる、そういう論理の力を持っている。ガイドラインというのはそういう概念装置です。

この場合は三つの言葉のセットがキーワードのつながりになります。議論をどう進めていくかというガイドラインとしてそれを使う時、そのもとにある三つの言葉で構成されるものを「分析枠組み」といいます。つまりものを考える時の枠組みとして手がかりとなるような論理を見つけ出し、それに乗っかって議論していくと論理的に次に行くということが意図的にできるようになる。ここではそれを社会の発展・時代の変化と結びつけて使ったということですよね。しかもそこに、他の文献で読んで学んだより具体的な知識をつなげてみるということをしたわけだよね。

**学生** まさにそのように使ったつもりです。使いこなせているかは、そこまで自信がないですけど。

**先生**　たしかに、このセカンドバージョンでも、それが上手くいってるかというとまだちょっと不明確なところがあります。ラバレーが使えるところは意識して書いたんだろうけど、今ここで私が「これは分析枠組みだよ」という言葉を与えたでしょう。これを分析枠組みとして明確に意図して使うとなると、書き方が変わるんです。「私はこれを、ものを見る時の道具として使いますよ」ということを自覚・意識することは、「私はこの枠組みでものを見てるんですよ」ということを人に伝えることになる。これは人に理解してもらう時、より論理をはっきりさせるうえで役に立ちます。

だから分析枠組みとして意識するというのは自分の議論を明確にするうえでも重要だし、同時に自分で考えたことを人に伝える時にも大事です。そのことをもっと明示的・意図的にして「私はこのエッセイの解答としてラバレーのこの三つの教育目標を分析枠組みとして使う」と書いてしまってもいいし、どのようにそれを使うかということまであらかじめ書いてしまってもいいです。

## †論理を展開するときには、分析枠組みに戻る

**先生**　一日目にも話に出てきましたけど、この三つは実はトリレンマで、二つは成り立つ

けど一つは成り立たない。実はこれが論文の結論まで導いてしまう論理の力、議論をガイドする力を持っています。そのため、このトリレンマというロジックをどれぐらい意識して、ラバレーの議論を使いこなすか。

**学生**　もう少し具体的に言うと、ここではどうすればよかったでしょうか。

**先生**　そうですね。前回「社会的効率性」が上手く使いこなせていなくて、それを今回は生かそうとしました。これはとっても重要なんだけど「社会的効率性」が、トリレンマという論理において、「民主的平等」とは共存するけど、最後の「社会移動」には結びつかない。それとは並び立たない。そういうことが結論になるわけだよね。そこをきちんと抽象的なレベルで、自分でしっかりと「この分析枠組みに従うとこうなるな」ということをわかったうえで、そこに具体的なサポートする事実などを乗っけながら論じていく。そうするともっと段落ごとの役割が明確になってくる。それから時代の変化、社会の変化ももっと明確になるよね。

このバージョンだと傍線部②に「ここからは、時代を遡り、社会の発展と、それぞれの時代での教育の平等・不平等を見ていく」とあります。「ここからは」と書くことによって前の議論との違いを示してるんだけど、ここの間にもうひとつ「なぜここでこういうことをやるのか」という説明があるともっとつながりが良くなる。

その前の傍線部①以降で「「社会移動」との関係で求められる能力はＰＩＳＡ型の読解力や英語力である」というかたちで出てくる。ここまでは道具立てを準備したところで、その後はラバレーの三つの言葉を社会の発展として捉えた時、時代を遡るとここで道具立てとして提供・提示したものがどのように絡み合っていくかということで議論できるわけですね。だから「ここからは」と始めるんじゃなくて、ここでもうひとつ、この段落の中でどういう議論の発展をしようとしているのかということをしっかり書くと、もっと論理が明確になって、うまくつながってきます。

それと同じようなことは傍線部③、傍線部④にも出てきます。ここも傍線部④は「ここで」という接続することばで始まり「学力の差という観点から離れ、教育を受ける機会の平等に視点を移したい」とある。どういう理由、あるいは論理的な展開でそこに視点を移すのかということについても、分析枠組みをもっと自覚的かつ明確に意識していると、説明が書けるよね。だからそういう接続を明示的に表すというのは、それを書くことによって自分の頭の中で「ああ、私はこうやって考えているから今度は教育を受ける機会の平等に視点を移したんだな」と自覚するということなんだよね。こういう論理の流れをガイドしている接続の表現をどれぐらい上手く使いこなせているかということは、自分の考えを反省する時にも、整合性があるかどうかという点でのチェックポイントになります。

**学生**　確かにそういった文章があると、その後の位置づけも明確になりますね。

**先生**　そしてもう少し分析枠組みに関係することで言うと、傍線部⑤に「全員が同じ環境で一斉に同じペーパーテストを受けることで学校の入学試験の結果が決まることが多い中で、出身階層や家族構成などのバックグラウンドが学力に影響するのであれば、やはり、バックグラウンドの差異は教育の機会に影響を与えていると言えるだろう」とありますよね。

もしここでトリレンマというキーワードを知っていて、それがラバレーの使った分析枠組みの論理的な帰結・結論だとするならば、もっとそれをはっきり書けるよね。「これが実はトリレンマだった。二つは成り立つけど一つは成り立たない」ということをどれだけ明確に意識しているかということです。そこに、もう一回確認するぐらいの意味で「ここでのロジックはトリレンマだ」ということを明確に表現すると、単なる時代の変化によって「何年経ったらこうなりました」ということではなく、そうなる論理的な展開＝必然性が説明できるんだよね。必然性というか、そうならざるを得なかった三つの要素の間の矛盾がここで明らかにできる。そうするとその矛盾によってこういうことが起きているという説明にもなるから、このエッセイ・クエスチョンの「変化した理由は何か」ということに明確な答えを出すことができる。そういうことを踏まえて最後の段落でもう一回結論を書き直すと、今のようなことをすべて含んだ議論ができるのだと思います。

## †オリジナリティはどうやって担保されるのか

**学生**　いまの説明のように、ラバレーのトリレンマを分析枠組みとして使うと議論の必然性が生まれるのであれば、このエッセイは私のオリジナルじゃなくなってしまうんじゃないですか？

**先生**　そんなことはありません。ラバレーは日本についてこんなことを一言も言ってないから。つまり、ここでラバレーの議論を既存の知識として使ってるわけです。さっきも言ったけど、ラバレーの議論を中心にするというのは石澤さんのオリジナリティなんですよ。

オリジナリティというのはゼロから何かアイデアを生みだすことではなく、既存の知識をどうつなげるか、組み合わせるかということです。この場合であればそれについてラバレーも議論してないし、おそらく中澤さんも議論していないでしょう。ここで挙げている文献の中で彼らがこういう議論をこういうかたちでしているかというと、たぶんしてない。そうするとこの内容は石澤さんが考え、書いたんですよ。それがオリジナリティです。

道具立ては必ず自分で学び、どこかから獲得するしかない。すべて自分の頭の中だけで生みだされるようなかたちで何かが生まれる、なんていうことはあり得ないわけです。実はオリジナリティというのは組み合わせが生み出す変化だったりするわけですが、組み合わせと言っても足りないものがあるから、議論を進めるうえで当然ここで補ってるんだよね。だとするとそういうふうにして議論を進めるために何かを補っているわけだから、他の知識をどう使うかということを考えざるを得ない。

**学生**　そういう考え方なんですね。

**先生**　この場合であれば、具体的な英語力や読解力をどう使うか。これは「社会移動」でも使うし、社会が教育に求めるというところでも使っているわけだから、これは別にラバレーが言っていることではないでしょ。これはそうやって他の知識を使い、ラバレーの議論と組み合わせることにより、明らかにできたことです。

オリジナリティというのはゼロから生まれるわけではないし、誰かの枠組みを使ったらオリジナリティが失われるということでもない。その枠組みあるいは理論をどう使いこなすかということによっても、オリジナリティは生まれるわけです。

このエッセイの最後の結論のところでラバレーを使い、このように考えたら「ラバレーの理論を修正し、私はこういう理論を考えることができる」とさえ書くことができる。このエッセイ・クエスチョンではそれは求められてないけどね。だけど発展させれば「ラバレーから出発し、三つの分類と言っているけれども実はいかにその中のトリレンマが物事を変えていく力になっている」ということを書くことができる。矛盾の中で不平等が残ってしまうわけですが、その不平等が現れる現れ方をこのエッセイは描き出しているわけだよね。そういうことを上手く抽象的に言い、そこからさらに考えを発展させていくと新しい理論が生まれる可能性だってあります。

出発点で使ったラバレーと終着点で使った理論との間には当然理論の発展があるし、肉付けもされている。肉付けして facts により議論を空想ではなく、ある程度証拠にサポートされたかたちで最後のところで議論を発展させれば、それはオリジナリティのある議論になるということです。わかりましたか?

**学生**　わかったと思います。

**先生**　もう少し具体的に言うと「社会移動」で求められる能力と、社会が教育に求める能力の関係をもう少しラバレーの枠組みを使って明らかにしていくと、この議論はもっとわかりやすくなると思います。

## †論理を突き動かす力

**先生**　石澤さんは二回目のエッセイを書きながら、何が足りないと思いましたか? あるいは「ここはもうちょっとこうすればよかったな」というところはありますか?

**学生**　二回目のエッセイを書きながら？

**先生**　そうそう、なおかつ今の話を聞いたうえで。

**学生**　さっきオリジナリティについて質問しましたけれど、「どれだけラバレーに寄り添って書こうかな」と考えながら二回目のエッセイを書きました。五つの本をアサインされるとどうしても、一つにばかり寄りかかるので「自分は正しい選択をしたんだろうか」と不安になった部分はあります。「自分で文献に重い軽いの価値を付けてしまうのは正しい選択だったのかな」と思うと、「枠組みとしてこれを柱に使います」と元気を出して言う自信がなかなか持てませんでした。だから、そこが弱かったのかもしれません。そういうふうにこの枠組みでやるという自信を持つのが難しいなと思いました。

**先生**　「分析枠組み」の説明は理解できましたか？

**学生**　はい。それを地図とコンパスのようにして話を進めていく。そういうことをしている感じがしました。

**先生**　その時、抽象度の高い概念が持っている、論理を突き動かしている力みたいなものに気が付いたら、それは重く見ていいわけです。それに比べて、サポートするための fact として使う文献は、ちょっと役割が違います。

このエッセイがいい発展の仕方をしたのはラバレーを見つけ、これを使うとどういう議論ができそうかということを考えたからです。一回目のエッセイはその原石みたいなもので、まだまだ粗削りでした。

一日目のチュートリアルでラバレーのトリレンマをどういうふうに生かすかという話をして、今回はそれを発展させたためにもう少し分析枠組みに近いところに行ったんだけど、分析枠組みとしては十分に自覚していないために、そのことがある意味では中途半端なところで終わっています。自分がものを考える時の装置・道具立てとして、そういう枠組みをどれだけ上手く使いこなせるか。それを自覚すると、論理の進め方がもう少しはっきりわかるようになると思います。分析枠組みは、議論を構成し、それを展開するためのガイドラインだということを意識しておくといいでしょう。

### †論文だけじゃなく物の見方を決めるもの

**学生** 分析枠組みは他にどういう時に使えるんですか?

**先生** 論文を書く時だけじゃなくて、実は僕たちは日常生活の中でもある枠組みで世界を見ているんですよ。それをただ意識してないだけで。ある立場・前提をもとにいろんなニュースを見たり人と会話をしたり、何か行動したりするんだけど、その時に実はそれをリードしている何らかの枠組みがあります。普段は気が付いてないんだけど、どういうキーワードでその枠組みができているのかということを意識するようになるとだいぶいろんな事象の見え方が違ってくるでしょう。むずかしい言葉を使うと、自分の認識枠組みを自覚するということです。

これはたまたまラバレーだったからこうなったけど、違う理論を枠組みとして使ったら違う見え方がして、違う答えになる。つまり世界の見え方は可能性としては複数あり、これは限られた文献の中だけでやってるけど、その中でさえ他の枠組みを使えば違う議論ができる。

**学生** 抽象度が高い話なんですが、どういうことなんですか？

**先生** 僕たちが世界を見る時、見え方はひと通りではなく、そこでかけている眼鏡や枠組みをどれだけ意識できるかによって世界の見え方が変わってくる。あるいは「他の人はどうも自分と意見が違うな。どうしてかな」と考える時も「他の人がある対象（出来事）を見ているときの枠組みって何だろう」と想像してみる。そのことによってわかることがけっこうある。

**学生** では、その枠組みをもとにして、エッセイを書くというのはどういう意味があるんでしょうか。いまさらこんな質問するのもなんなんですが。

**先生** いいえ、その質問は大事な観点ですよ。

自分で枠組みを探し出して意図的にそれを分析枠組みとし、その知識をどう使うかがエッセイを書くうえでは試されます。そういう練習をすると今度はそういうものがないところ、つまり自分で自分のリサーチ・クエスチョンから始まった時も同じことができる。だから分析枠組みを組み立てている概念（あるいはキーワード）をどう探し出すかというのは、実はすごく大事な、ものを考える時のポイントなんだよね。

### †「分析枠組み」は思いつくものなのか？

**学生**　分析枠組みの話はこれまでも聞いたことはあるけれど、どうも使いこなすのが難しいイメージがあるんですよね。

**先生**　確かにそこでつまずく学生は多いですね。じゃあ、このエッセイではラバレーの議論をどうして分析枠組みみたいにして使おうとしたの？

**学生**　文献の中に抽象度がすごく高いものと、すごく具体的なものとがある中で、いきなり具体的なものを読むよりは抽象度がある程度高く、全体像が見えているほうがやりやすそうだなと思ったからです。それでまずは抽象度の高そうな本から読んでいったんですけど、教育の三つの目標という言葉は、社会が教育に求める役割とつながってる感じがしたんです。

役割と目標って言葉としても違うけど「役割として求められてなかったらそんな目標は書かないでしょ？」と。エッセイ・クエスチョンともある程度つながりそうだし、三つとも使えそうな言葉でそれぞれがフレーズじゃなくて単語として示されている。だから「この三つはすごくヒントになりそうだな」と感じたんです。それで一回目の時から使ったんですけど、一回目に書いた時にはそれを分析枠組みとして使おうとは自覚して書いてはいなかった点は反省ですね。

**先生**　じゃあ、分析枠組みというよりは「導入」みたいな感じで考えていたんですね。

**学生**　そうですね。そもそも日本社会が教育に求める役割をどう考えればいいのか。それを述べる際に「これを参考にしました」という導入的に使ったんですね。

**先生**　これが分析枠組みになりやすいのは抽象度が高いからだけではないんですよね。三つが「トリレンマ」になっているという論理構成自体が面白いからなんですよ。「三つありますよ」って並列してるだけだったら、なかなかそれを分析枠組みとして扱うのは難しい。でも、それらの概念の中で概念と概念を結びつける関係の中に面白い論理の展開が含まれていたら、「これは使えそうだな」となるわけです。それに気が付くかどうかですね。

「トリレンマ」以外にも、論理展開のなかに「パラドックス」とか「ジレンマ」とか「矛盾」とかがあると、分析枠組みとして比較的に扱いやすいので、これは意識しておくとよいでしょう。一般的には「単なる並列かな」と思われることの中に実は衝突があったり矛盾があったりする。あるいは逆説的な逆転があったり、逆立ちしていたりする。逆説・パラドックス・ジレンマ・トリレンマ・矛盾というのは論理を組み立てる時に人を惹き付けるんだよね。意外性があるから。

**学生** それは、「実は……」みたいな感じで、出てくるものなんでしょうか？

**先生** そう。そういうのを見つけた時「しめた」と思う感覚はとても大事です。世の中の現実は多くの場合、必ずどこかに矛盾を含んでるんだけど、その矛盾に気づかないまま過ごしていることが多かったりする。あるいはAになると思ってやってきたことが、それとは正反対の結果のBを生みだすということも世の中にはいっぱいある。そのことに自覚的であるかどうか、つまり矛盾やパラドックスという意識（枠組み）で世界を見ているかどうかで世界の見え方が違ってくる。そういう論理が含まれている議論に出会った時には要注意です。

**学生** そういうふうにいつも世界を見ていると、疲れそうな気もしますね。そういう論理はどうしたら見つけることができるんですか？

**先生** 意外性のある議論ができそうだと思った時「しめた」と思うのが大事なセンスです。

何らかの面白さや意外性を持ち、なおかつ何がどうして起きるのかを説明できるような論理を含む概念・理論に出会った時、それにピンと来るセンスが重要です。これはいろんなものを読んだり書いたりしなければ身に付かないもので、最初から「これは分析枠組みに使えるぞ！」ということで目の中に飛び込んでくるものではないので、訓練が必要ですね。

AとBとの間にどんな論理が内在しているかという時、そのことをあまり考えないまま並べちゃうと論述がすごく凡庸になって、ラバレーのような意味での分析枠組みとしては使えません。もちろんそれでも、ある側面を記述する時には役に立つんだけど。

## †「パラドックス」から「アンビバレンツ」へ

**学生**　簡単に見つけられるものではないんですね。先生自身の経験で「あっ、これは分析枠組みに使えそう」と気づいて使ったものってありますか？

**先生**　私は最初、パラドックスが好きで、何かを分析する時にはパラドックスの現象を見つけ、それを解明するというのをよくやりました。『大衆教育社会のゆくえ——学歴主義と平等神話の戦後史』（中公新書）では教育の言説の中で、単純化していえば、平等を求めれば求めるほど、不平等が増えるということを書きましたけど、これはパラドックスですよね。みんなが子どもの差別感をかきたてないようにしよう、差異を見えなくさせようとすればするほど、実はその中で差異が生みだされたりする。

今回の石澤さんのエッセイの中にもパラドックスが含まれているでしょ。人々の個性に合わせていろいろ新しく求められた能力を付けようとした時、どうすればそれは家庭環境の影響を受けないか。これはある意味ではパラドックスになっちゃうんだよね。平等を目指した結果、不平等になるというのはパラドックスの典型ですから、そういう現象を上手く探す。

それからもうひとつ、『階層化日本と教育危機』（有信堂高文社）で分析したインセンティブ・ディバイド（意欲格差）というのも一種のパラドックスですね。ゆとり教育の議論が盛んな頃、勉強の不得意な生徒たちは、自信をなくすことで学ぶ意欲をなくしているという主張があった。自己肯定感が低くなるという見方ですね。ですが、調査データを分析してみると、勉強ができなくなると学ぶ意欲はたしかに弱くなるのだけれど、自己肯定感（例えば「自分には人よりすぐれたところがある」といった意識）は、予想に反して高くなっていた。実は勉強から降りることによって、かえって自分を肯定する意識が高まっていたんです。そうなると、ますます勉強する意欲から遠ざかってしまう。

それが家庭的環境の恵まれていない高校生に顕著に表れたというのが、この本での発見です。意欲が下がるのは自己肯定感が否定的になるからではなくて、かえって肯定的になるから。単純化していうと、意欲が下がる↓自己肯定感が下がる↓意欲がもっと下がる、ではなくて、意欲が下がる↓自己肯定感が上がる↓意欲がもっと下がる、だったわけです。ちょっと複雑だけど、これもある種のパラドックスです。

**学生**　パラドックス探しばっかりしていた時期があるんですね。そればっかりやっていると性格が悪くなりそうな気もしますね（笑）。

**先生**　そんなことはないと思いますが……（苦笑）。それが原因ではないんですが、そのうちパラドックスに飽きてきて「パラドックス探しはもうやめよう」と自分で決めました。それで、パラドックスの代わりに見つけたのが「アンビバレンツ」です。一見対立的なんだけど、それがコインの裏表みたく並び立っている状態。これを探し出して論じるということもよくやりましたね。『教育と平等――大衆教育社会はいかに生成したか』（中公新書、二〇〇九年）は「アンビバレンツ」をキーワードとして書いた本です。

日本語ではあまり意識しないけれど、レトリック（修辞とか言語技法と訳せる）には、複数の事柄の論理を表すものがあります。たとえば、先ほどのパラドックスも、今言ったアンビバレンツも。それからコントラディクション（矛盾）もそうですね。こういう論理学的で抽象度の高い思考方法をある程度身に付け、それを枠組みとして使って現実の世界に見つけ出す。そういう意識で、いろいろな本を読んでいくと、こういう論理の使い方が発見できる。
でも、私自身の経験としては、論理学が先じゃなくて、現実の中からそれを抽象化したような気もしてきました。そういう意外性の発見が好きだったから、いろいろと読んだりして。一番有名なのはマックス・ウェーバーの『プロテスタンティズムの倫理と資本主義の精神』ですよね。宗教という一見まったく資本主義と関係のないものがなぜ資本主義の精神と適合性を持つのか。これはまさにパラドックスなんだけどそういうのが好きだったので、そういう思考で物事を考えてきました。

**学生**　そうはいっても、現実の中からいきなり抽象化するのは難しいですよね。やはり自分の身近にある「なんでこうなっているんだろう」という部分から始めるわけじゃないですか。

**先生**　まあ、そういう点では素朴な疑問からはじめればよいでしょう。でもさっき言った論理構造がどうなっているかには注意しておくと見え方が変わる可能性がありますよ。

## †知識はどうやって獲得すればよいか

**学生**　先ほど「これはいろんなものを読んだり書いたりしなければ身に付かないもので、最初から「これは分析枠組みに使えるぞ！」ということで目の中に飛び込んでくるものではないので、訓練が必要ですね」と言ってましたけど、具体的にはどんなことをすればいいんでしょうか？　もちろん本を読め！　と言われれば、それまでなんですけど……。もう少しアドバイスをもらえますか？

**先生**　もちろん「使える枠組み」はないかって、意識して読んでいくのがひとつの手ではあります。また、もう少しレベルが高く感じてしまうかもしれませんが、自分が書き手の立場になって読むと本も論文も見え方が変わってきます。たとえば社会科学的なものであれば、自分も著者と対等な研究者だと思って追体験をするような気持ちを持って読む。

最初に本を読むとき、まずは理解しようとして、勉強のために読むという態度になっちゃいますよね。もちろんそれは大事なんだけど。

**学生**　まずは内容を理解しようとしますから。それとは違った「研究者として追体験して読む」というどういうことなんですか？

**先生**　一度目からそういう読み方をするのは難しいですけど、同じものを次に読む時、あるいは数回目に読む時に、「自分が著者の立場だったら」ということでシミュレーションしてみながら読んでみる。なんでこの人はここでこの議論をすることにしたんだろうとか、を想像しながら読む。

たとえば原稿用紙五〇枚ぐらいのトップ・ジャーナルの論文を読むとすると、そこには必ず著者・分析者・研究者の選択があるんですよね。どうしてこの枠組みを使ったのか、どうしてこの枠組みが有効なのかという議論が含まれている。そこで「自分だったらどう書くかな」と考える。それを批判して「ここがまずい。ここが問題だ」と言うのではなく、追体験しながら「自分だったらどうするかな」「この人はきっとこういうふうに考えたから、こういう言葉が出てきたんだろうな」などと考える。書かれていない部分も含めてそういうことを想像し、追体験しながら読むというのはいい訓練なんですよ。

**学生**　批判ではなくて、追体験というところがポイントなんですね。

**先生**　それに慣れてきたら、応用編として、追体験しながら「別の仮定を置いたらどっちに行くか」ということをやってみる。ここでは自分でゼロからやるわけでなく、読むべき元のものがあるわけですよね。それを使って何通りかの読み方をすると、知識を獲得するだけでなく、より多くのことを得られる。しかも、できれば優れた著者の本を使いながら「なぜこの人がこう考えたのか」ということを追体験・想像しながらなぞっていく。

要するに手本がないとできないわけですが、その手本からそのまま知識を学ぶというのではなく、ノウハウを読み取るようなつもりでそれを読む。つまり著者と同じ立場に立って読む。そういうことをやると読み方としては深まります。そのとき、できるだけ優れている本や論文をもとにするといいです。評価がある程度定まっているので、そこから学べるものが多い。

**学生**　まさに職人のような世界なんですね。次に本を読むときは実践してみたいと思います。

## †使えるところがないか意識しながら読む

**学生**　今回のようなエッセイ・クエスチョンが与えられているときは、課題文献を読むときどこに気をつければいいですか？

**先生**　課題文献が与えられていてクエスチョンがあったら、どうやればそこで読み取ったものを使えるかということを考えることですね。それは石澤さんもやっていたんではないですか？

文献を読んだ時、ノートを取りますよね。そこでノートを取る時、このクエスチョンを頭に入れて読むと「ここの部分はこれに使えるな」ということがわかる。その可能性はひと通りではないから、最初のノートでは複数経路があっていいんですよね。それを書いてから一回広げてみて、あとは組み合わせをどうするかを考える。

読む段階でクエスチョンを念頭に置いておくと「この論理・理論・factsはここで使えるな」ということがわかる。そして、それぞれ欄外に書いたり付箋を貼ってそこに書いたり、あるいはノートにそれを書き写したりということを続けていく。これは分析的な読み方なんですが、目的的な読み方でもある。つまりそのままざっくり読むのではなく、目的があってその目的に従って解釈しながら読んでいるから分析的なんですね。たとえば「この部分はこういう役割として使える」とか。文献を読む時、そういう訓練をいつもやるわけじゃないけど、大事なところでやっておくと、その結果として与えられた文献の読み方が違ってくる。そういうのを積み重ねていくと、だんだんそれができるようになってくる。

**学生**　今回の課題でも同じようなことはあったんですが、枠組みらしきものに出会った時にどうするかが難しいと感じました。

たとえば一回目のエッセイの時、ラバレーの「社会的効率性」を他のところに当てはめられなかったのは、「社会的効率性」とその議論は本当に対応しているのかが見えなかったからです。学者とか大学の先生は「これは対応関係にある」と読み解けるだろうけど、学生は「ラバレーがこう言っている」と言ったらそれをそのまま受け取っちゃうんじゃないでしょうか。

**先生**　それをそのまま受け取っちゃいけないということを教えるのが、大学の先生の仕事です。

**学生**　でも、「枠組みとして使うならば「社会的効率性」って、別の人が書いてるこの部分に当てはまるじゃないか」となかなか気づけないじゃないですか。そこのとっかかりをどう見つければいいいんでしょうか。ここに悩む人は多いと思うんですけど。

**先生**　いろんなところ、いろんな段階で「それは気が付かないだろう」ということはたくさんあるんだよね。そこで気が付くかどうかはやはり経験によりますね。申し訳ないんだけど。

でもその経験というのは単にたくさん読めばいいのではなく、今言ったような読み方を議論の組み立て方を教えてくれる先生のもとで繰り返すことによって学べるわけです。先ほど大学の先生の仕事といったのはそういう意味です。

### †自分の中の教師とキャッチボールする

**学生**　では、そういう先生がいない時にどうすればいいですか？　いつも先生がついてこういったチュートリアルをしてくれるとは限らないし。

**先生**　そういう時は、教師像をイメージしながら、それを自分の頭の中でキャッチボールする。チュートリアルという方法が優れているのは、いつも先生がいるとは限らないんだけど、先生とチュートリアルをやることで自分の頭の中に先生の役割をつくれるところです。
オックスフォードだったらこういうことを一学期に八回もやるんですよ。しかもそれを何学期もやるわけでしょ。それによって考える力やさっきいった追体験のしかたが身に付くはずだという前提があるからです。その努力なしで身に付くかと言うと「ごめんなさい。身に付きません」と言うしかない。

センスがいい人であればすぐに気が付くかもしれないけど、やはりある程度自分でその訓練をしないとそこには到達できない。でも「ここはどうももやもやしているけど、大事そうだな。使えそうだな」というところまで行っていれば、あとはそれにどうこだわって考えようかということになる。それもなく、ひっかかるところもなくスーッと来ちゃったら、それはまだ学びが足りない。つまり、さっき言った二段階の読みの訓練が足りないんですね。

優れた人の書いたものの中にはそういう展開がどこかにあり、それが人を惹き付ける面白さでもあるから、それによって読者を獲得するし、人も納得して「ああ、そういう見方や考えもあるんだ」と受け入れられる。そういったものを読む時、スーッと読んじゃうんじゃなくて自分がその立場に立って読む。そういう訓練はこうした力を鍛えるひとつの方法だと思いますね。

**学生**　なかなか簡単な道のりではないですね。

**先生**　先生は教えることはできますが、後はモチベーションを出してもらうしかないですよね。他にも、自分である文献やそれに似たような文献を読み、自分でエッセイ・クエスチョンを考えてそれをもとに答えを書いてみる。

そういう訓練はやろうと思えば先生がいなくてもできるんだけど、そこでどこまで気が付くか。大学の先生だってそれに気が付かず、見過ごしてしまうこともたくさんある。そのように素通りしちゃうことは必ずあって、永久に誰もが気が付かない問題もある。

でもどこかでとっかかりを持って考えて、そのパズルを解けた経験のある人は、その快感が忘れられないためにそれを求め、繰り返していく。長い間続けていくと、そのうちに、あるロジックに飽きてきて違うロジックを探すこともあります。私が、枠組みとなるロジックを変えながら研究したのもそういうこと。

### †「考える」と「考え抜く」の違い

**学生**　いま「パズルを解く」って言い方をしましたけど、パズルを解くには「ひらめく」ような瞬間が必要で、そのためには「考える」ことが必要なわけですよね。当たり前のことだと思われるかもしれないけど。

でも、考え抜けていないなって感じる時がありますよね。たとえば文献が三つあると「ただコラージュ的に切って貼って並べて新しいかたちにしました」というのはまだ考えが浅いなってのは、わかるんですよ。でも、そこから、入れ子型にしてみたりとか重ねてみたりとかして、論理の展開を鮮やかにするようなことが起きない。それができるようになる、思いつくようになるところが、ひとつの飛躍ポイントなのかなと思います。

**先生** いまいったことでいうと「考える」ことと、それを突き抜けて「考え抜く」ということの間には違いがあるんですよ。それは、どこで満足するかなんですよ。あるいはどこでやめるか。それによって、どこまで考えるかは変わってくる。

**学生** コラージュで満足したら、それは考え抜けてないということですよね。

**先生** いま私がいった「どこで満足するか、やめるか」という判断力は、さっき言った優れたものを読む訓練によって培われるようになります。凡庸な論文・本と、ある程度評価されているものとの間には当然差があります。その差とはつまり満足水準の違いです。優れたものを読むことで満足水準は上がってきます。それがないと、低い水準でも「考え抜いた」と感じてしまうこともある。

読むという訓練が優れているのは、時間をかけて読み比べができるところです。だからさっきも言ったように優れたものだけでなく、優れてないものも著者の立場で読むことでその違いがよりわかるようになります。さらには優れてないものを使って、エッセイ・クエスチョンを出してみるとかね。やってみればその差がすぐにわかりますよ。

これはオックスフォードの話になるけれど、トップジャーナルの論文を読ませる理由はクオリティが高いからです。もちろんそうじゃないものも学生に読ませますけど、トップジャーナルとか、出版がむずかしい大学出版会（UP）の本とか優れたものを読ませるのは、それを読むことは単なるお勉強ではなくそこにモデルがあるからです。質の違いのあるものを読み比べる時、自分はどっちの立場だったらどう考えるかということを練習しながら、あるいはエッセイ・クエスチョンの前提にしながら使いこなす。そういうことをやると結局、自分の物差しとして思考の水準を決める基準を持つことになる。

僕は食べ物の味音痴だから、いつも何でも「美味しい、美味しい」って言ってしまうんだけど、本当のプロの料理人は舌がすごく敏感なわけじゃないですか。だから同じ素材でもいい料理と悪い料理の差がわかる。舌の感覚を鍛え上げるには、いいものも悪いものも相当食べていることでしょう。いいものと悪いものというのは世間的な評価でもあるんだけど、多くの専門家がいいと言っているものにはそれなりにいいものがある。それを味わう時には単に凡庸に食べるんじゃなくて、プロですからまさに分析的に食べてると思うんですよね。プロフェッショナルというのはみんな、そういうことをやってると思うんですよ。
そういう判断基準を鍛えるための読み方というのも、考える力を育てるうえでは重要だと思います。

### †あるデータをもとに再分析し、複製をつくってみる

**先生** 本や論文の読み方として、実際にやるのは難しいんだけど、読んだ後にそれをちゃんと自分で分析してみるという方法もあります。「この人はどういうふうにこう考えてやったのか」というメタ・ノートを自分で再構成してみる。さらには自分でもう一回、似たものになってもいいから再生産してみる。ただし、書き写すんじゃなくて、メタ・ノートを作成したうえで自分が抽出した論理を空で書けるかどうか再現してみる。そういう訓練もできますよ。

**学生** それは、その本にあるデータとかを使いながらやるイメージですか?

**先生** もちろんデータは使っていいです。データでなくても、ある程度の概略やわかったことを使ってもいいです。そうやっていいお手本を使いながら、そのお手本を使いこなす。そうするとレベルがわかりますよね。

**学生** そうですね。duplication（複製）みたいな感じですね。

**先生**　まさに研究のduplicationですよ。たとえば、計量的な分析を再構成をしてみるというのはすごくいいトレーニングですね。

**学生**　そのトレーニングは論文だけでなく、他にも適用できそうですね。たとえば「マーケティングで分析してこうなります」っていう話はよくあるけど、そこで聞いたものをもう一回自分でやってみて、本当にそれが整合的かということを判断する。そういうことにも使える気がしますね。

**先生**　それはまさにduplicationなんだけど、僕は追体験という言葉を使いたい。つまりそこでは同じ立場に立って想像しながらやってみるということが大事なんだよね。

もちろんその著者が自分より優れているというのはわかりきってるんだけど、無理してでもその著者と自分を対等にすると、再構成する時にギャップを知ることにもつながる。そこでは知識の差を埋めるのではなく、自分の思考力の足りなさを理解する。そういう意味でさっき言ったような方法で読むのは、訓練としてすごくいいと思います。そういう訓練をやったうえで、それを他のことにも応用する。それはビジネスにも応用できるし、今のようなマーケティングとかにも応用できる。しかし、その時の知的な鍛錬というのはそんなに生易しいものではありません。やはり自分でやるしかない。

オックスフォード大学ではなんであんなにたくさん読ませ、なんであんなに書かせるのか。しかもそれを読んで書かせたうえで、こうやって議論をする。それはある意味ではduplicate に近いかたちだよね。

**学生** そうかもしれないですね。それにしても厳しい世界ですね。

**先生** 先生からの質問は、それ自体が「こんなこと聞くんだ」「こういうふうに自分の考えていることに切り込んでくるんだ」という思考の契機となります。そこでは単に「答えよう、答えよう」と思うのではなく、「ああ、こんな質問が飛んできた」という感じでそのレベルをちゃんとメタ認知できていれば……。

**学生** 論文を書く時に使える。

**先生** そうだね。知的な生産において必要なのは、そういう追体験をする場なんじゃないかなと思います。

**学生** 前回と今回のチュートリアルでも似たような質問をいっぱいされましたね。

**先生** もちろんそれがメソッドだからです。「あなたのフレームワーク（枠組み）は何か。それを説明できてないよ」とかそういうことを何度も質問する。

あと大事なのはそういうことを議論し、サポートするための枠組みをどうやって探すのかということです。文献を読んだ時、読み方が浅いと使い回しができない。だから「その読み方では駄目だ」ということを教えるわけですね。

**学生**　二回目のチュートリアルでは、方法論がたくさん出てきて、他にどのように応用すべきかが見えてきた気がしました。これからは本を読む時も、これまでとは違った読み方ができると思います。

二回のチュートリアルを終えて再度、エッセイを書き直した最終版を掲載します。このエッセイの最後には、最終版を読んだ先生からのコメントがついています。

## エッセイ最終版

教育に関する平等・不平等のあり方は、社会の発展とともに変化をしている。また、社会が教育に求める役割も、社会の変化に伴い変わっている。このエッセイでは、特に小学校から大学までの、いわゆる「学校」での教育について扱い、高度経済成長期以降から現代までの間で、社会の変化や社会が求める教育の変化を見ていくことにする。

日本での教育の平等のあり方の変化を見るにあたって、中澤（2014）がまとめた、ラバレーによる教育目標の三つの分類の理論を軸に進める。すなわち、教育の目標は大きく分けて「民主的平等」「社会的効率性」「社会移動」の三つがあるが、この三つ全てを同時に達成することは不可能であるという、トリレンマの構造になっている理論をもとに、日本の教育について論じる。

家庭や地域、学校、企業など、さまざまな場や目的で教育はされているが、近代以降、社会のシステムとしては公的な教育の機関として学校が作られ、大きな影響力を持っている。社会と学校教育の変化を見るにあたって、ラバレーによる三つの目標は重要な指標となる。まず、社会の発展の初期段階では、そこに住む市民の読み書きなどの能力をある程度底上げして自らものごとを考えることができるようになるように、良き市民を育てることが重視される。それが、ラバレーの理論における「民主的平等」だ。さらに社会が発展すると、社会に貢献する人材をできるだけ広範囲に効率的に教育をし、教育機会を増やすことが求められるようになる。それが、二つ目の目標である「社会的効率性」だ。こうして教育が普及するとともに社会の発展も進むと、教育に求められるニーズも多様化する。地位や賃金を向上させるために、他の人が知らないことを知っていたり、スキルが他の人より高かったりするような、他者との差異化が求められるのだ。教育もまた、全員が同じ内容をできるようにするだけでなく、差異化させていくことが求められるようになる（中澤2014：43)。他者と差をつけ、出自を問わず自分が目指した職業に就くことができるようになることを求めるのが、三つ目の目標である「社会移動」だ。

実際に高度経済成長期以降の日本の教育では、どのようなことが教育の目標として挙げられ、どのような教育がされてきたのか。ラバレーの目標に沿って、日本での事例を検討していく。

まずは高度経済成長を経た日本の学校教育についての評価を見る。例えばカミングス(1981）は、高度経済成長を経た日本の学校を「平等」「公平」といった言葉で評価していて、日本社会のことを「世界で最も平等な社会のひとつ」と表現している（カミングス1981：7)。高度経済成長期の少し後の日本は、いわゆる「一億総中流」社会だ。カミングスは戦前の日本の階層や家族形態と戦後のそれの変化を検討し、ホワイトカラーの増加、家族構成が核家族に収斂したことや家族内での合意された平等な役割分担などといった観点から、階層間の違いは戦前よりも目立たなくなっていると評している（カミングス1981：111-117）。戦前の日本では、教育資源の制限などから、地方によって与えられる教育の質に格差があったが、戦後、GHQによる改革や、法の改正などの影響で人々の意識も変わり、地域による教育の格差もほとんどなくなったとカミングスは指摘する。学力の観点においては、確かに高等教育への進学は出身階層が中流、もしくは上流階層の者が多く進学していることは見られるが、一方で、中等教育までの学校での成績は、大学入試の成功や大学での成績には関係がなかった。初等・中等教育の成績が、将来に大きく響かないことが教員にもわかっているため、教員は、生徒の成績だけにとらわれず、生徒たちを勇気付けるために柔軟に評価をしているようだ（カミングス1981：215）。学校の成績にばかり目くじらを立てず、柔軟に生徒を評価する、できるだけ公平に生徒を扱おうとする当時の学校現場は、確かに当時の「一億総中流」と言われた日本社会において「平等」なものであるとみなされていたのだろう。そこに住む市民の読み書きなどの基礎的な能力をある程度底上げしたこの時期の日本の教育は、ラバレーの「民主的平等」を達成しているということだ。つまり、広く多くの人に、均一な知識や能力を行き渡らせたという意味での「平等」が達成できたとも言える。

その後、経済状況や社会情勢の変化とともに、社会が教育に求める方針や内容も変化をした。それに合わせ、日本では多様な教育改革が行われたが、改革を進める中では生徒の学力の低下や学力格差の拡大などが指摘された。志水らによる研究では、学力調査の結果を、「ゆとり教育」の前（一九八九年）と後（二〇〇一年）、そしてそれに続く「確かな学力向上路線」への路線変更後（二〇一三年）の三回に渡って比較し、生徒たちの学力低下や学力格差について検討している（志水ほか 2014）。

教育改革は、社会が教育に求める役割のイメージが変化していったために行われた。まず、「ゆとり教育」の狙いは「児童の学校生活に、ゆとりと充実をもたせる」ことだった（藤田 2005：187）。激化する受験競争を背景に、「知識詰め込み型」の教育を見直すために、学習指導要領の中でも座学の授業時数を減らして、「総合的な学習の時間」を取り入れて科目横断的な取り組みをするなど、学校生活にゆとりをもたせるための新たな方針だった（藤田 2005：187）。志水らの研究から見られるのは、初回の一九八九年の生徒たちの成績に比べ、「ゆとり教育」が導入された後の二〇〇一年には、小学校、中学校の国語と算数／数学において、平均点が下がり、点数のばらつきも広がっていることがわかった。

その後、「ゆとり教育」の結果としての学力低下が注目されると、「確かな学力向上路線」へと教育の目的が切り替わる。その結果、二〇一三年には、一九八九年ほどではないが平均点も上がり、標準偏差も小さくなっており、緩やかな「V字回復」が見られる（志水 2014：13）。カミングスが「平等」だと論じた一九八〇年までの日本の教育の続きとしての一九八九年の試験の結果から比べて、「ゆとり教育」が導入された二〇〇一年の学力調査では、「家庭環境の影響はかなり強まっていた」（志水 2014：22）。学校での詰め込み教育という方針を緩めた「ゆとり教育」という学校環境の中で、生徒たちの家庭での過ごし方、親の方針が、より学力に結びついたのだろう。それにより、学力調査の点数のばらつきも広がったと考えられる。その後、「ゆとり教育」への批判が強まる中で「確かな学力向上路線」に切り替わると、「家庭の教育的環境」の影響が大きく弱まった（志水 2014：22）。勉強の場の重心が学校に戻ると、学力は家庭の影響をあまり受けず、それに伴ってまた点数のばらつきも減ったと考えられる。試験で試すような学力を身につける場の重心が学校にあるのか、その外に置かれるのかによって、学力にも差がつき、学校に重心がある方が学力は全体的に高くなるということは、家庭の環境に比べて、学校が生徒の学力について担う役割はかなり大きいと言えるだろう。

ここまで、主に生徒の処遇や学力の観点から、教育の平等を論じた。「一億総中流」期に「民主的平等」がある程度達成され、その後、複数の教育改革を経て、「確かな学力向上路線」に入ると、学校での勉強に重心が置かれ、家庭環境の影響に関わりなく学力テストの点数のばらつきが減ったことも、教育の「民主的平等」につながっていると言えそうだ。

次に、「社会的効率性」、「社会移動」の目標がどのようになっているのかを検討するために、教育の機会の平等に視点を移す。学校の入試制度などといった教育の機会の提供のされ方に着目することで、効率的に実力を判断して適切な教育につなげられているかという「社会的効率性」の観点を論じることができるだけでなく、より良い学校への進学はより良い教育を受ける機会にも繋がり、それが高い賃金や地位に結びつく、「社会移動」の大きな機会にもなる。

現代の日本の教育を受ける機会は、一つの方針の「平等」が見て取れる。それは「平等な処遇」（苅谷2004、中澤2014：59による）だ。出自や性といった属性による扱いの違いをせず、誰にでも同様のチャンスを与えるという考え方で、たとえば学校の入試制度は、均一の環境で、一斉に、全員が同じペーパーテストを受ける、その結果をもとに、学校への入学が決められる。推薦入試など、ペーパーテストを用いない入試制度もあるが、普通、「一般入試」というと、全員が一斉に受ける試験の結果を反映させたシステムだ。多くの児童・生徒に同じ試験を受けさせ、同じ評価基準を用いて学力を測り、それを学校への入学可否の判断に用いるという方針は、ラバレーが挙げた学校教育の目標の一つである「社会的効率性」と見ることができそうだ。なぜなら、受験者の能力を判断するのに、一人ひとりを面接したり、小論文を書かせて個別に評価をしたりするよりも、一斉に機械的に合否を判断できる「一般入試」は、効率性を重視した方針と言える。また、この方針により、日本では国民全体の進学率は上昇し、国民一般の知識技能の水準もほぼ一定程度はあるという信頼性につながり、安定した労働力を確保することができたことは日本の戦後の経済成長の助けの一部にもなったと中澤は分析する（中澤2014：63）。

このように属性に関わらず同じ扱いをするという意味では一つの「平等」が成り立っていると見ることもできそうだが、一方で、この制度は受験者の限りないバックグラウンドの差異を無視することになる。たとえばアメリカでは、日本とは異なり、「社会的なカテゴリー（人種や性）の間で進学率や失業率に差がなくなった時を結果の平等と捉える」（中澤 2014：59）。結果の平等を実現するために、格差を是正するような具体的な施策を取り入れるのだ。バックグラウンドの差異を無視した教育の機会の提供は、ラバレーが示した教育の目標の一つである「社会移動」を起こしにくいと言える。なぜなら、不利な環境出身の者は、その不利を考慮されずに、他の有利な環境で育った者と一緒になって競争に入っていかなければならないとしたら、その不利を覆すのは簡単ではないからだ。例えば、鳶島（2016）によると、PISA試験の読解リテラシーの項目において、「統合・解釈」や「熟考・評価」の項目の点数は、受験生の出身階層の影響が大きく出ている。また、ひとり親家族の生徒は、「アクセス・取り出し」の項目で得点が低いことの原因には、深刻な経済状況が反映している可能性があることも指摘している（鳶島 2016：231）。全員が同じ環境で一斉に同じペーパーテストを受けることで学校の入学試験の結果が決まることが多い中で、出身階層や家族構成などのバックグラウンドが学力に影響するのであれば、やはり、バックグラウンドの差異は教育の機会に影響を与えていると言えるだろう。そして、良い環境で育った者がより良い学校へ行き良い教育を受け、不利な環境で育った者はなかなか良い学校には入れないのだとしたら、ラバレーの「社会移動」は達成できていないと言えそうだ。

ラバレーが論じたように、「民主的平等」、「社会的効率性」、そして「社会移動」の三つの目標は、全てを同時に達成することはできない、トリレンマの構造になっている。そして、日本の教育を見てみると、「民主的平等」、「社会的効率性」は達成できているが、「社会移動」は達成できていないということがわかった。しかし、現代の日本の教育界では、PISAで測られる「読解リテラシー」のように、単なる知識の暗記だけでなく、知識を応用できる力をつけることを求められている。社会が教育に求めるものが、それまでの「より多くの人に均質な教育をすること」や「効率的に教育を届けること」から「英語や応用力などを身につけさせること」に変わっている。言い換えれば、「均一な知識や技術の拡大」から、「多様な知識や技術の提供」へと社会の要求が変わっているとも言える。すなわち、社会の求める「平等」の質が変化しているのだ。変化の根本的な理由はこのエッセイでは明らかにしきれないが、変化の背景には、未来の社会を生き抜くことのできる人を育てたいという現代の社会の要求が反映されている。「PISA型『読解力』の向上」は、二〇〇五年に文部科学省が各学校に対して取り組みを求めているが（鳶島 2016：220）、このような応用的な力は、基礎的な力に上乗せされる、他者と差異化させるためのものと見ることができる。また、その真偽はともかく、「英語ができると収入が増える」という言説が広がっていることも、他者との差異化を求める潮流と見られる。他者との差異化を求める動きは、まさしく「社会移動」を求めている動きだ。「民主的平等」、「社会的効率性」を達成した今、日本社会は「社会移動」に繋がる教育を求めていると言えるだろう。

参考文献一覧

ウィリアム・カミングス『ニッポンの学校』

サイマル出版会、一九八一年
苅谷剛彦『教育の世紀』弘文堂、二〇〇四年
志水宏吉ほか『調査報告「学力格差」の実態』岩波書店、二〇一四年
寺沢拓敬『「日本人と英語」の社会学』研究社、二〇一五年
鳶島修治「読解リテラシーの社会経済的格差」『教育社会学研究』98集、二〇一六年
中澤渉『なぜ日本の公教育費は少ないのか』勁草書房、二〇一四年
藤田英典『義務教育を問いなおす』ちくま新書、二〇〇五年

**エッセイ最終版へのコメント**

チュートリアルの成果がとても良く表れている仕上がりになりました。どのような論理で、この解答が構成されているのかがとてもはっきりしました。また、段落ごとの文章の役割を意識できたことで、段落と段落とのつながりも論理的になっています。ご自分でも最初のエッセイと読み比べてみてください。そこで気がついた違いが、あなたの学習の成果を示しています。

苅谷　剛彦

第Ⅱ部

# 自分が解くべき問いを見つける

## 1日目　問題意識を俯瞰する

### †まずは関心のある事柄をあげてみよう

**先生**　さて、第Ⅱ部では、自分が解いていくためのテーマ、課題をみつけるための方法を学んでいきましょう。今回も石澤さんには具体的な関心をあげてもらって、それについてコメントしながら、どんなテーマにも使えそうな話をしていきたいと思います。

二つ三つ、自分で面白いなと思っている現象・テーマ・事件・ニュース、何でもいいですから思っていることをまずは言ってみてください。

**学生**　ややいきなりな感じもしますが、思うままに話してみるので、厳しいツッコミではなく、やさしく指導してくださいね。

**先生**　わかりました。気を付けます。

**学生**　じゃあ、一つ目です。私は去年、東北で3・11の震災の語り部に出会いました。津波の様子がどうだったか、避難して生活がどんなふうに変わったか。彼らは町を案内しながら、来た人たちにそういうことを語っていく。ほぼボランティアなんですけど、そういう人たちがいました。今の時代、ネットに繋がれば、ブログもYouTubeもあるし、インスタグラムとかツイッターとかいろんなメディアがあるのに、そこに来てもらってその場を一緒に歩きながら語る。これは何回もやらなきゃいけないからある意味ですごく非効率なんですけど、そういうことをやっている人たちが一定数いる。その人たちにとって直接語るとはどういうことか。なんでその人たちはYouTubeやブログを選ばず、直接語ることを選んだのか。これは面白そうというか、もっと知りたいなと思いました。

次はすごく話が変わるんですけど電車が遅れた時、たとえばJRだったらJRのせいじゃなくても、一分遅れただけで「申し訳ありません」って言うのはなんでなのか。自分が悪くなくても自分のせいにすることは、けっこうありますよね。これってコミュニケーションの中でどういう意味があるのかなと。「申し訳ありません」と言うことは、お客さんや他の人にたいしてどういう意味があるのかなと。

日本では生活の中でけっこう「申し訳ありません」とか「ごめんなさい」と言いますよね。イギリスに住んでた時、そんなにI'm sorry. という言葉を聞かなかったから「ごめんなさい」「すみません」という言葉はどう使われているのか。

三つ目は、日本社会で男性の育児休暇を取る人がなかなか増えないのはなぜなのか。そこには働くという観点、社会福祉という観点、あるいは家庭の中でのジェンダーの役割分担という観点があるわけですが、今「女性はどんどん働くべきだ」「社会の中で活躍すべきだ」という論調がある一方で男性が育児休暇を取りづらいという問題があります。実際に育児休暇を取った男性もいるんですが、その人たちの経験があまりちゃんと語られてないからこそ、続く人が少ないのかなと思って。どうして男性の育児休暇取得が広がっていかないのか。そういう疑問があります。

## †具体的な話から抽象度をあげて比較する

**先生**　じゃあチュートリアル（スーパービジョン）をはじめてみましょう。いまあげた一つ一つについて質問していきますよ。

まず、一つ目の「直接語るというのはどういうことか」。今の時代、コミュニケーションのチャンネルがいっぱいある中で、一緒に場所を共有しながら直接語るというのはどういうことか。そういう現象と語り部と呼ばれている人たちのことって、一応区別できるよね。どっちに関心がある？

**学生**　関心があるのは、語り部と呼ばれる人たちがなぜその手段を選び続けるのかということです。同時に語り部が滅びないのは、聞きに来る人がいるからだと思っていて、ではなぜ、わざわざ聞きに来る人がいつづけるのかも気になりますね。

**先生**　どうして語るのかということの中には聞く人の問題も入っているし、語っている人たちの選択という問題も入ってくる。その関心の背景には「今の時代はこうなのに」というコンテクスト（文脈）がありますよね。それからもうひとつ、語り部という現象は単に人と話をするのではなく場を共有している。場所と時間を共有し、直接語るのが語り部の特徴だよね。語る人はいっぱいいるけど、語り部はその中で場を共有しながら直接語る。しかもそこに来る人がいる。

今いくつかピックアップしたことの中で、石澤さんが「この現象は面白い」と思ったことに一番近いのはどのへんですか？　あるいは今ピックアップしたことの中に入ってなかったら、それを言ってください。

**学生**　やはり一番「どうしてだろう」と思うのは、YouTubeで一回語れば何回でも見る人は再生してくれるのに、それを選ばないという点です。現在のいろいろなメディアを使わず、あえて直接語る方法を選んでいるのが面白いと思って。

**先生**　そこで「あえて」と言わせる「何か」は今のメディア環境だよね。その中であえて、この現象がどうしてあるのかということだよね。

**学生**　来る人が毎回変われば、似たような話を毎回しなきゃいけない。これはすごく非効率で時間もかかるんだけど、聞きにくる人もそこまでお金を払ってくれるわけでもない。ボランティアでやっている人がたくさんいる、お金にもならないし、時間もかかるのにそれでもこの方法でやる。そういうことに関心があります。

**先生**　もしこの現象について自分でリサーチし、何か自分なりに納得する答えが見つかったとします。その答えはあなたの何を満たすことになりますか？

**学生**　うーん、何を満たすかですか。

**先生**　では、質問を変えると、この答えが判明したら、わからなかったことがわかったというだけなんですか？

**学生**　その答えがわかったら、自分は普段、文章で物事を書こうとしているけれども、自分にとっての表現手段は書くだけじゃなくて、新たな語ることの価値に気づくかもしれませんね。そうすると自分のためだけでなく、他の人にとっても「ブログを書いてる人もいるけど、直接語ってみることの価値を改めて発見してみよう」みたいなこともいえるかもしれません。

**先生**　今、「価値」というキーワードが出てきました。しかも最初の問いから一つ抽象度があがりましたよね。詳しく言い換えてみると、語り部という具体的な人から一回抽象度を上げ、語るという行為と対比させて他の表現方法の価値と比較した。それがわかると何かいいことがあると思ったんだよね。

その、いいと思われることの中で、他の表現方法の価値との違いがより明確になるだろう。そういうふうに頭が働いたわけですよね。キーワードは「価値」、「語る」、「表現」だね。それから「語る」のほうに直接、一回限りじゃなくて毎回ということが含まれていることにも注意が必要ですね。

### †概念は現象に光をあてるサーチライト

**学生** さきほど「最初の問いから一つ抽象度があがりました」と言いましたけど、問いを深めていく上で、抽象化するとどんな利点があるんですか？

**先生** 今の場合は、「価値」という言葉を引き出したことですね。これによって最初の問いが抽象化されていたんですよ。

語り部にたいしてツイッター、ブログというレベルだけで話をするとそれはすごく具体的過ぎて、どんな問題を論じようとしているかという高みに立てないんです。そのため、一回高みに立って、複数の、ある現象に共通する部分を言葉にしてもらいました。語ること以外の表現との価値の違いという発見自体が、次の段階に進むための高みから見た問題の捉え直しになります。抽象化というのは、他の表現で、より抽象的な言葉に言い換えることにより、その現象だけでは見えてこないものを引き出す時に使いやすい。なぜなら高みに立っているから。概念というのはそういう役割を果たすんですよ。

アメリカの社会学者、タルコット・パーソンズは昔「概念というのは現象にたいして光を当てるサーチライトだ」と言いました（高根正昭『創造の方法学』講談社現代新書）。それと同じで、概念の使いまわしができるかどうかによって問いの表現が変わってきます。問いについて学生が理解するためには、自分がある具体的な現象からどんな問題を問おうとしているのかということを、いったん高みに立って捉え直す。それが一つのやりかたですね。

**学生** 抽象化して高みに立つことで、問題の見え方が変わりますね。

**先生** 今回の問いのように、他の表現方法との違いから次のステップに行くと、「語る」ということをもう少し違う言葉で言い換えたりしてもらう。さっき「同じ場を共有する」という言い方をしたけど、「場の共有とは何か」というところを考えてみたり。他には、書くことのように、場を共有してないときにはどういうコミュニケーションになるのか。そこでの価値は、場を共有している場合とどのように違うのかを考えてみる。こういう発想から発展する可能性はたくさん出てくるじゃないですか。でもそういった発展をさせるためには、一回抽象化させなければいけないんです。この現象は決して一般的ではないから、一回高みに上げる。抽象化にはそういう意図がありますね。

## †関心の先は現象か、その背景か

**先生**　では、最初の問いに関しては、とりあえずこのへんにして、次に行きます。次は「電車が遅れて申し訳ありません」についてでしたよね。さっきの話の中に「イギリスでは聞かなかったけど、日本ではよくある」というのがありましたけど、これは日本の問題だと思いますか？

**学生**　日本語、日本社会、日本の文化・価値観の問題だと思います。

**先生**　なんで「申し訳ありません」がそんなに気になったの？

**学生**　イギリス留学から日本に帰ってきた時、三分電車が遅れただけで数分おきに「申し訳ありません」というアナウンスがありました。イギリスだと二〇分バスが遅れても I'm sorry. なんて全然言わない。しかも遅れたのは鉄道会社のせいじゃなくて、お客さんのカバンが挟まったからなのに、そんなに謝らなくてもいいのになと。そういうシンプルなところからの疑問です。

**先生**　この疑問は、謝罪という現象そのものに興味があるの？　それとも日本の社会で謝罪はどういうあり方をしているかという、日本の社会の側に関心があるんですか？

**学生**　日本の社会の中でどうして謝罪がそんなに多用されるのか。そちら側の関心が強いですね。

**先生**　わかりました。これは本当に悪いことをした「申し訳ありません」ではなく「自分は悪くないのに」という条件のもとでの「申し訳ありません」だよね。ここで「自分は悪くないのにもかかわらず」というのはどういう意味でしょうか？　これってもう少し抽象化するとどうふうに言い換えてみることができますか？

**学生**　うーん。電車が遅れていてイライラしている人をなだめるとか。

**先生**　なだめる。いいねぇ。

**学生**　間を持たせるじゃないけど、怒らせたままにしないとか。

**先生**　なだめる、怒らせないというのは難しい言葉で何て言いますか？

**学生**　なだめる……何だろう。

**先生**　一つの答えは「慰撫」です。謝罪と慰撫というのは英語にしたら全然違う言葉なんだけど、日本語だと重なっているんですね。まず「自分は悪くない」というのは自分に責任がないということだよね。だけど謝罪、「ごめんなさい」と言うことが何らかの効果を持った時に慰撫になる。慰撫はその人の意図かもしれないけど機能・結果を目指している。

日本の社会における「ごめんなさい」は謝罪と慰撫の問題である。これはなぜ面白いと感じたのでしょうか？

**学生** うーん。

**先生** じゃあ、なぜこれに興味を持ったの？

**学生** やはり根幹としては、責任がないにもかかわらずなぜ謝るのかなと思いますね。海外だと「謝ったら負け」みたいなところがあると聞いたことがあるけれども、そこをあえて謝りにいくのは日本らしさというか、日本文化を説明するひとつの見方になりそうだなと感じます。

**先生** 「申し訳ありません」と言った時、「お前に責任がある」ということを明らかにしているんでしょうか？

**学生** そこはすごく曖昧な感じがしますよね。でも、一応は謝罪をしているみたいな感じで。

**先生** 「責任を認めること」と「謝罪」とはイコールではないということですね。

**学生** そう、必ずしもイコールではないと思います。

**先生** 今の「曖昧」というのもひとつのキーワードと考えられるでしょう。謝罪と責任、それから機能としての慰撫。それを可能にする曖昧さ。こういう一度抽象化した言葉でアナウンスの「申し訳ありません」という現象を切り取ると、ここにはまた日本社会を特徴づける時の何らかのつながりがあるよね。

**学生**　今回の問いでも一番目の問いの時と同じように抽象化した言葉で表現する流れになりましたけど、今回の抽象化と一番目のものとではなにか違いはあるんでしょうか。

**先生**　今回は「申し訳ありません」ということを抽象化すると同時に、その現象が持つ特徴・エレメント（要素）を挙げるということをやったんですよ。「慰撫」という言葉を出したのは、これが謝罪ということの機能として取り出すことができ、謝罪の特徴の一つの側面であるからです。それから帰責、責任の有無も「申し訳ありません」ということの一種の機能・結果です（これは機能でもあるけど、どちらかというと結果に近い）。そういう物事を対象化するためにアスペクト（特徴を捉えるための側面・局面、ある現象の一つの面＝様子といってもよい）を多面化し、その現象自体を捉え直すということをやったのね。くりかえしになるけれど、ここでは「機能」という切り取り方で一つの特徴を取り出した。

**学生**　抽象化するといっても、いろんな側面があるんですね。

**先生**　そう、ただ高みに立つだけではないんです。

ここでは日本社会が問題になるということは最初からある程度予想は付くから、日本社会を捉える時「申し訳ありません」現象が持っているアスペクトをいくつか挙げることにより、クエスチョンがもう少しふくらんでくるんですよ。
「なだめる」「怒らせない」などといった言葉を引き出したのは、慰撫というアスペクトを取り出すための作業です。ただし、帰責ということが前提にならなければ、慰撫は出てこない。これはすごく具体的な電車での謝罪（陳謝）なんだけど、それが日本語の用法の中で出てきた。ここではそれを抽象化すると同時に、アスペクトを捉えるというやり方を使ってみたんです。

## その問いの答えがわかると、どんないいことがあるのか

**先生**　では三番目、「なぜ日本社会では男性の育児休暇が増えないのか」。これは前の二つに比べると社会学的で、社会の問題（problems）として議論されています。まずは、前提として、男性の育児休暇自体が増えたらいいなというふうに思っていますか？

**学生**　もちろん、思っていますよ。

**先生**　じゃあ「増えたらいいのに増えないのはなぜか」ということが問題なんですか？

**学生**　そうだと思います。

**先生**　しかも育児休暇を取った人と取らない人の違いに関心がある？

**学生**　違いというか、どちらかというと前例があるのに取らない人のほうに関心がありま

す。それを知るには、育児休暇を取った人に話を聞く必要がありそうだなと。

**先生**　これは直感でいいんだけど、取った人と取らない人では、その人自身や職場も含めてどんなところに違いがあると思いますか？

**学生**　直感では経済的余裕があるかないかでしょうか。

**先生**　経済的余裕ね。それから？

**学生**　あとは育児休暇を取った後でも、ちゃんと会社に戻ってこられそうか。より具体的にいうと、自分の地位・居場所に自信が持てるかどうかですね。

**先生**　自分の地位とそれにたいする自信ね。

**学生**　あとは職場の上司・同僚の理解があるかどうか。そのぐらいかなと思います。

**先生**　では、質問の方向性を変えますね。もしあなたがあらゆるデータを集め、今の直感を証明できたとするじゃない。何でもできるスーパー研究者になったつもりで考えてみてくださいね。経済的余裕の違い、会社の中での地位の違いがわかり、職場の理解についてもいろんな情報が集められた。インタビュー調査なのか質問調査なのかわからないけど、もし完璧に必要な情報が集められて「育児休暇を取らない人はなぜ取らないのか」ということがわかったとしたら、どんないいことがあると思いますか？

**学生**　男性に育児休暇を取ってもらうための新たな提案ができるかもしれないですね。

**先生**　仮に、どういう提案ができると思う？　もちろん、わかってないのに聞いてるんだからそれが適切なものである必要はないんだけど。

**学生**　たとえば、政策の新たな提案かもしれないし、会社のルールの提案かもしれないけれども。すでに育児休暇というルールはあるから……。

**先生**　職場の理解がないところでは取れないし、経済的に困難だったら取れないし、自分の地位に自信がなかったら取れないんですよね。そこで、その関係がはっきりとわかったとしたら、会社のルールや政策について、どんなことが言えそう？

**学生**「助成金を出しましょう」とかそういうトップダウン的なことは言えそうです。あるいは「職場をそういう雰囲気にしましょう」みたいな経営陣への指導とか。

**先生**　そういうことは、これまで実際になされてきたと思う？　なされてないと思う？

**学生**　ある程度はなされているかなと思います。

**先生**　でも広がらないんだよね。では、広がらない原因はなんだと思いますか？

　加えていうと、すべてがわかったうえで、何が広がらない原因かを考えることは、どうして育児休暇が増えないのかというのと同じ問いでしょうか？

**学生**　それらは近い問いだとは思うけれども、同じ問いとは言えないと思います。

**先生**　では、その解決方法は何だかわからないから、とりあえずXと呼ぶことにしましょう。Xという解決方法が、この研究によって判明しました。Xという原因があるために育児休暇は広がりません。じゃあ、このXという解決方法がわかった時、問題は解決するでしょうか。

**学生**　するとは限らないですね。うーん、なにか迷路にはまっているような気がしてきました。

## †言葉を与えて、次元を変える

**先生**　ではまた質問の矛先を変えて考えてみましょう。「このXがあっても実現しない何か」それについて思いつく言葉はありますか？

**学生**　ジレンマ、とか？

**先生**　そんなに抽象的な言葉じゃなくて、もうちょっと思いつく言葉は出てきませんか？　Xという方法がわかったんだけど、それを変えようとしても変わらないとして、それは初発の問いと違うんだよね。そうするとその変わらないということを説明する時、言葉を与えるとしたら何がある？　思いつくだけでいいので、ひたすら言葉をいっぱい挙げてみてもらえますか。「Xがわかってるのに変わらない状態」、これはどうしてなの？

**学生**　どうしようもない。

**先生** どうしようもない、いいよ。

**学生** 乗り越えられない。

**先生** 乗り越えられない、それもあるね。

**学生** しかたない。

**先生** しかたない。こういう現象を生みだしているものって何だと思う？　これらに言葉を与えるとしたら何？

**学生** これらにさらに言葉を与えるんですか？

**先生** Xということが研究でわかりました。Xが育児休暇取得が増えないさまざまな条件ですが、それをもとに改善のプランを出しても解決する様子がない。どうしようもないよね、乗り越えられないよね、しかたがないよね。こういう言葉のリストにたいして別の次元で言葉を与えるとしたら何になりますか？

**学生** 別の次元で言葉を与えるとしたら……。

**先生** どうしようもないよね、乗り越えられないよね、しかたがないよね。これらは日常的な言葉で人々が感じていることで、実際にこういう反応を起こしてるんだよね。せっかくXがわかって「これを変えなさい」と主張したのに何も変わらない。じゃあこういう状態をもたらしている何か、まあYでもいいけどYに何か名前を付けてみてください。それが難しければ、Yにかかわることで思いつく言葉をいくつか挙げてみて。

**学生** Yにかかわること……、どうしようもない、しかたないというのをひとくくりにどう言えるか。

**先生** そうかもしれないし、それらを生みだしている何かかもしれない。これに関連する抽象度を高めてもいいし具体例でもいいし、これらを生みだしている理由でもいい。どうしようもない、しかたがないというのはみんな似ているじゃない。こういうことにたいして何か言葉を与えたいのね。

**学生** もどかしさとか。

**先生** もどかしい、いいね。でも、もっと別のYに言葉を与えたいんです。だってこれは違う次元のパズルなんだから。この言葉が与えられると初発の問いとは変わってくるでしょ。これは何と呼べばよいでしょうか？

**学生** 障害。

**先生** 障害。それはXじゃないの？

**学生** そうか、壁とか障害はXなのか。

**先生** それはわかっているんだよ。障害がわかってるのに状況は変わらない。これに言葉を与えるとしたら、どうしたらいいの？

学生　Yに言葉を与えるとしたら……。

先生　わからない障害だよね。何か妨げるものがあるんだけど、それが何なのかわかってない。だからYなんだよね。じゃあこれは一応、メタ障害と呼ぼうか。Xは障害でYはメタ障害。メタ障害のレベルでこれを考えるのと、障害のレベルでこれを考えるのでは違うね。

学生　なかなかこういった頭の使い方をしたことがないから、問いが解決したらどうなるのかを考えるのは難しいですね。

先生　確かにそうかもしれませんね。でも、この問いは、もう社会問題としては成立してるから、これ自体そのまま研究できちゃうんだけど「最初からそれをやりましょう」ということでやっちゃうと、学生の意識の中でこの問題の広がりが限定されちゃうんだよね。限定されるのはいいことでもあるんだけど……。

学生　この研究自体はまじめすぎる印象がありますからね。

先生　そう、だからまず、何でもできる、データを完璧に集めて分析する能力もあるスーパー研究者という立場に立つことを想像をしてもらったわけです。それがすべてできて答えが見つかったらどうするか。そうするとそこで気づきが出てくる。メタ的な視点に立って問題を見直すということをあえてやったのね。

ちなみに、一番目の高みに立って考える、二番目のアスペクトを引き出す、三番目のスーパー研究者になってもらう、という三つのパターンは、僕が実際に使っているやり方です。

## †先生の意見は参考にするぐらいがちょうどよい

**先生**　じゃあ一つ目の語り部、二つ目の謝罪、三つ目の育児休暇のディスカッションでそれぞれこれまでの議論を受けて、どんなことを学びましたか？

**学生**　特に一つ目と二つ目、語り部と電車のことは割と具体的な事象から入ったので、自分の中だけでは抽象化できてなかった気がしますね。さっき高みという言葉が出てきたけど、どういう視点から俯瞰すればこのことが研究に結びつけそうかということがわかっていませんでした。そこに、他の表現方法との価値の違い、語るという行為とかそういうレベルの言葉が出てくることで「ああそうか。私はたしかに語り部の人に興味があるけれども、語り部という人物だけじゃなくて、そこの奥にある物事の表現を比較することに関心があるんだな」と気づきました。ここでレベルの違う自分の関心が見えたように思います。

電車のほうも同じで「申し訳ありません」という言葉で機能を提示されると「私は「申し訳ありません」「ごめんなさい」という言葉を英語的に捉え、何となく責任を認めているように感じたくなってたからこそ、なんでわざわざそんなにしょっちゅう謝るのかと疑問を持ったんだな」ということに気づきました。

三つ目は、自分でも初発の問いに答えるだけだとつまらないと思ってたんですが、そのつまらなさの正体が垣間見えた感じがします。

**先生**　私はこういうチュートリアルの後に、必ず次のことを付け加えます。「今日のディスカッションで先生が提示した例は、あくまでもひとつの例に過ぎない。これはあなたが自分の考えを発展させていくための材料のひとつに違いないから、「この通りにしなさい」ということではない」。

このチュートリアルで出てきた言葉や視点は、先生が考えたことではなく、あなたが言ったことを先生が引き受け、言い換えただけです。それはあなたの考えだから、それを参考にしながら発展させればいいんですよ。そういうオチを付けます。そうしないと先生に引きずられてやることになるから、あくまでこれは一例であるという位置づけをします。

## †物事を俯瞰的にみるためには

**先生**　今回のチュートリアルを終える前に、なにか聞いておきたいことはありますか？

**学生**　今、「どういう視点から俯瞰するか」という話をしましたが、今は先生のサジェスチョンがあったから、俯瞰的に見ることができたんだと思うんですが、それを一人でやるのってなかなか難しい気もするんですが。もちろん、研究者はそれをやっているんでしょうけど。

**先生**　わかりました。それについては、最初のエッセイ・クエスチョンのチュートリアルではまさに俯瞰の方法を教えるわけです。概念の使い方とか枠組みの決め方とかの話をしたのは覚えていますか？

**学生**　はい。

**先生**　エッセイを書くために考えることで、ある種の具体・抽象の行き来を練習しているわけです。そこでは俯瞰という高みに立ったり、具象・現実に降りたりすることを学びます。つまり、行ったり来たりすることの練習をする。この練習を全然やってない状態で、突然今日みたいにディスカッションに入ってもうまくはいきません。

**学生**　あの練習がここに活きてくるんですね。

**先生**　そうです。また、話が少し迂回するけど、問いを出してもらうとき、自分で「これは面白いな」「これは気になるな」と思うところから、つまりは自分の問題意識からスタートしましたよね。まずは学生が自分の関心自体をそのまま素直に表現するというのがブレインストーミングの出発点なんですね。そうじゃないとモチベーションが湧かないから。

今回は三種類、事例の違うものがあったんだけど、学生の最初の関心は具体的であることが多いんです。具体的な問題意識というのは自分の経験に根差して出てくる問いだから、「例を挙げてごらん」と言ったらいくらでも例が挙げられる。そこで「じゃあ似た現象で違う例は?」と考えることができる。

二番目の問いについていうと、電車が遅れる時、自分は悪くないのに「ごめんなさい」と言う。じゃあそれ以外で「ごめんなさい」って言うことはある?

**学生** たとえばスーパーに魚が並んでないのは天候のせいなのに、スーパーが謝るとか。

**先生** それはほぼ似たような「ごめんなさい」だよね。じゃあ「ごめんなさい」以外の言葉で、自分は悪くないのに言う言葉ってある?

**学生** 「ごめんなさい」以外の謝罪の言葉?

**先生** 謝罪の言葉なのか何なのかわからないけど。

**学生** 「失礼いたしました」とか「お詫びします」とか。

**先生** でもそれは表現が違うだけだよね。ありがたくないのに「ありがとう」とかあるじゃない。今のレベルでの「ありがとう」と「ごめんなさい」の共通点は何?「ありがとう」は感謝で、「ごめんなさい」は謝罪で全然違うことなんだけど、言語の現象としては似ていますよね。

学生　人をいい気分にさせるとか。

先生　そう、相手の感情にたいする働きかけだよね。謝罪の場合、それを慰撫と表現しました。今の例は抽象化すると同時に、今度はいったん抽象化した視点から別の例を考える。その時にわかりやすい例からスタートしていいんです。だけど一見違うことの中に似たような例が見つかると、その概念には有効性があるんですよ。

一見違うものを同じ概念というサーチライトで照らしたら同じ現象、あるいは類似の現象に見える。そうやって違う例を考えるというのが概念を探す時、あるいは俯瞰する時の二つ目のやり方です。

学生　先ほども出てきた概念のサーチライトはいろんなところで有効なんですね。

先生　三番目のように「問題としては重要なことが誰にでも分かるようなテーマで、ただし、一見そのままの発想だと陳腐な研究になりそうな場合」にはスーパー研究者になってもらうんですよ。「すべてわかったとして、その時あなたは満足するの？」と考えると「あれ？　わかってないからこういうクエスチョンだったのに、わかったとたんにクエスチョンじゃなくなっちゃうのかな」というところからスタートするからメタ的な視点に行ける。これは自分でスーパー研究者になったつもりになればいいだけです。

## †先生が持つべき引き出し

**先生**　こういうのはパターンで、いろいろな発想の仕方があります。

逆にすごく難しい概念でもって語る学生もいるんですけど、そういう時には「その言葉を使わないで同じ問題を言ってごらん」と言う。むずかしい概念を禁止語と見立てて、それを使わずに表現するという発想をする。最近の流行語だと「グローバル化」とかはその一例です。グローバル化といった途端に何かわかったつもりになれる。これは「禁止語禁止のすすめ」と言うんだけど、そうするとわかったつもりになってることを言い換えなきゃいけなくなるから違う概念を使ったり、違うキーワードに出くわしたりする。これでバリエーションをつくることによって俯瞰できる。

さっきも言ったように、前半のチュートリアルのような読む訓練をしていないまま、いまいったような俯瞰する方法をやっても薄っぺらになっちゃうから、あまり有効じゃないんで、そこでいい見本を使って考える訓練（追体験的に考えながら読んで書く）をしたうえで、今回のチュートリアルみたいなことをやると、ある程度抽象と具体の間の行き来ができるようになるんです。

これまで言ってきたように、「こういう頭の使い方をすると、そこに到達できるよ」というのがある。今回私が説明したのはある程度具体的な方法だから、決して抽象的に「こうやりなさい」と言ってるわけじゃない点もさきほど言いましたが忘れないでくださいね。

**学生**　先生に言われたけど、まだもっと他に考える余地があるんじゃないか、と思うこともありますからね。

**先生**　もちろんそうですね。そして、教師は「頭の使い方」の引き出しをいっぱい持っているんですよ（というか持っていなくちゃいけない）。いかにその引き出しを多く持っていて使いこなせるか。これは教師の技術＝アートです。視点を高めて抽象的に俯瞰できる立場に立ってもらったりする。あるいは俯瞰して抽象的すぎる場合、具体に降ろすためにはどう具体的に考えたらいいかを問う。

　このように、教師が「どのパターンに乗せるとこの問いは展開するか」ということの引き出しを具体的に知ってると、教師自身はそのテーマについて専門の知識が少ない場合でも、学生の問いを使って問いの相対化ができる。そうやって、学生と知的なキャッチボールをするのが教師の仕事です。

**学生**　そういえば、この前私の友達の、オックスフォードのロシア人の学生が先生のところへ行ったことがありましたよね。「ギリシャ正教会の日本における失敗」というテーマで博士論文を書いていたんだけど、ちょっと行きづまってて。

**先生**　はい、覚えていますよ。私は彼女の問題点をまったく知らないにもかかわらず、彼女がどこでつっかかっていて先に行けなくなっているのか、ある程度輪郭を明らかにすることができましたね。

**学生**　それで彼女も喜んでいましたね。

**先生**　そうやって、教える側が引き出しを持っているとキャッチボールができる。こちらの知識がゼロだったら無理だけど、少ない知識でもキャッチボールの相手にはなれる。いい球を返してあげることで、学生自身が問題点に気づいていくんです。そのためにも、キャッチボールをしながら相手の考えていることを引き出し、今みたいな概念化の操作とかをしていくと、キャッチボールをしている学生の側もそれをする前に比べると、自分のリサーチにたいする別の見方ができるようになる。

### †さらにクエスチョンを考える

**先生**　今三パターンやったけど、これらについてもう一回、一週間かけて考えてみてください。自分の初発の問題関心がどういう研究になりそうか。リサーチ・クエスチョンまで行かなくてもいいから、今日の議論を踏まえて今度は初発の現象を違う言葉に変えながら、それぞれについて三つか四つのクエスチョンを考えてきてください。

それはブレイクダウンになるかもしれないし、抽象的になるかもしれない。あるいはそのクエスチョンがどんなことを目指したクエスチョンなのか。それに答えるということは、どんなことを生みだしているのか。できればそういうこともちょっと書いてみてきてください。それが次回の宿題です。

**学生** それでは、また次回もお願いします。

# 2日目　関心をコンテクストにのせる

## †異なるコンテクストにのせてみる

**先生**　今日は、リサーチ・クエスチョンをどう立てるかというところまでの二回目のチュートリアルになります。前回、三つの関心があるということでしたね。語り部の問題、「申し訳ありません」という問題と、なぜ日本では男性の育児休暇取得者が増えないのかという問題。その三つの関心について、一回目のディスカッションでそれぞれどう発展させたらいいか話し合ってみました。「その後、前回の議論をもとに、もう少し発展させて考えてください」というのが宿題だったと思うんだけど、その宿題を聞く前に、まずトータルでこの三つの問題についてどう考えたかを、一段階抽象度をあげたレベルで質問していきますね。

前回、最後に「それぞれについて三つぐらいの関心をちゃんとした文章にしてください」という課題を出しましたよね。この三つというのは適当な数字で、別に二つでも五つでもいいんですけど。それぞれの問題によって違うとは思うんだけど、複数の問いの表現を見つけ出すという時、どんなことに気を付けてやりましたか？

**学生**　基本的には5W1H的な、つまり「誰が」とか「いつ」とかそういうものを組み替えながら「こんな場合がある、こんな場合がある」と考えてみました。語り部なら語り部、謝罪なら謝罪、育児休暇なら育児休暇というテーマについて登場人物を変えてみるとか、アメリカやイギリスとか場所を変えてみるとか、いろんな土俵に乗せてみました。そういうふうに見る角度を意図的にどんどん変えて考えました。

**先生**　初発の関心をリサーチ・クエスチョン、つまり研究するための問いにする時、今言ってくれたことを別の言い方をすると、土俵に乗せるとは、どういうコンテクストに乗せるかということですよね。その時、コンテクストとしてはそれがアクター（人物）であったり、それが起こる場所・場面であったりする。5W1H的な何らかの問いの違いみたいなことを考えながらコンテクストを変えていくとそれによって角度が付き、違う問いが出てくる。これは英語だとcontextualization（文脈化する）といいます。

なぜ文脈を変えることは同じ問題を違う視点で見ることになると考えたんですか？

**学生**　一回目のチュートリアルを通じて、初発の関心を持ったところでは、無意識的にあるひとつの見方しかしてなかったなと感じたからです。たとえば語り部のところで「表現」みたいな言葉が出てきた時、私が東北で見た語り部の姿だけじゃなく「そういえば他の地域にも語り部がいて、他のことについて語っている人がいる」とか「語り方ってこれだけじゃないな」ということが見えてきました。自分が最初に具体的に思っていたところから抽象度を上げたことにより、見え方が変わっていったのかな。

**先生** こうやって問題意識を複数の問いに言い換えてみるという作業を「問いのブレイクダウン」と言います。大きな問題意識のままだとそれはまだリサーチできる段階ではありません。その大きな関心はどういうサブレベルの問題意識で成り立っているか。そういうことを探すために無理やり「複数の問いを考えてみてください」という言い方をしたんですよ。

## †役割を分けて比較してみる

**先生** それでは、そういった土俵を変えてみた結果、三つの関心からどのような発展がありましたか？

**学生** まず語り部の関心については、まだ曖昧なところもあるんですけど三つのリサーチ・クエスチョンを考えました。一つ目は前回の言い換えというか「関心を整理するとこういうことだな」という感じなんですけど、通信手段・発信手段が増えて、しかもその手段が簡単になっているにもかかわらずface-to-faceで行われる語りはどうして今でも大切にされて選ばれているのか。語る側がなぜそれを選ぶのか。それが一つ目のクエスチョンです。

そして二つ目は、なぜ今でも語り部の話を聞きに行く人がいるのか。聞きに行く側の人も関心を持っているからだと思うんですけど。一つ目は語る側だったのにたいして、二つ目は聞く側についてのクエスチョンです。

三つ目は語り部って基本的には一方的にオーディエンスに語る形式が多いんですけど、一方的な語りとオーディエンスも参加しての語り合いとの違いは何だろうということです。なぜ語り部はそのface-to-faceの場を設けるのに、発信手段が一方的であることが多いのか。それが三つ目の疑問です。

**先生**　三つ目のサブ・クエスチョンが面白いですね。そういうふうに分けて、語る側、聞く側が両方出てきたうえで、その中でも一方的に語る場合と語り合いのような場面があって、その違いは何かという関心を持ったわけだよね。自分の経験、今まで見たことの中で一方的なものと語り合うものがあり、そこにはどんな違いがあるか。そういうところに着目したんですね。

**学生**　そうです。

## †場所を変える・言葉自体を問題化する

**先生**　じゃあ二番目の謝罪のリサーチ・クエスチョンも検討してみましょうか。

**学生**　謝罪についてのリサーチ・クエスチョンの一つ目は、日本の社会ではどのように謝罪が使われているのかということです。これはちょっと大きな疑問なんですけど。前回、ディスカッションの中で出てきた慰撫としての機能をもつ謝罪が大事にされていることがわかったわけですが、この一年間を振り返ってみたら「私はいったい何回の謝罪会見をテレビで見たんだろう」ということが思い浮かんできました。その時、SNSなどで「言葉上では謝っているのに誠意が伝わりません」みたいなコメントをたくさん見たんです。慰撫としての謝罪と心から謝罪が求められる場面は、どう使い分けられているのか、あるいはどう違うのか。そういうところです。

二つ目は他者との距離感を適切に保つために使われる慰撫などの謝罪、あるいは必ずしも「ありがとう」とは思ってないけど使う「ありがとう」という言葉はどうやって身に付くものなのか。言葉の意味と自分の心情が離れていたとしてもそれを使うことは、どうやって身に付くのか。

三つ目は日本社会から離れちゃうんですけど。これは日本文化・日本語という問題にとどまらず、たとえば同じ英語という言語を使っていてもアメリカ社会とイギリス社会ではI'm sorry. やI'm afraid. やExcuse me. などといった言葉は使われ方が違うのではないかと。同じ言語を共有している二つの異なる文化でそういう慰撫・謝罪の言葉がどう使われているのか。

**先生** この謝罪については、「謝罪がどのように使われているか」自体がメイン・クエスチョンと言ってもいいぐらいです。前回の問題意識をもう少しはっきりした言葉に言い換えてみて、これは誠意・慰撫などといった側面から使われるけれどもどこに注目するのかということを、もう少し特定化したわけですね。

二つ目のサブ・クエスチョンでは距離感という言葉が使われています。他者との関係性の中で、謝罪はどういう距離の取り方をしているか。同じような距離の取り方をしている言葉は、謝罪とは違う言葉の中にもある。そのことをまず踏まえたうえで、そういう言葉の技法について考える。それはみんな持っているのか、あるいはそれをどうやって学んだのか。たぶん、直接的な言葉の意味以外の部分に着目しようという特定化をしたんだよね。

三つ目ではそれをもっと大きく捉え直し、日本だけじゃなくて同じ言語を持つ二つの国でも違いがあるとした。日本語の場合、日本以外で日本語が使われる国はないから難しいけど、英語であればたしかに「アメリカとイギリスではどう違うの？」ということがある。そこを一つ噛ませることにより、日本だけを見ているよりは日本の特徴ももう少し見えてくる。これは場面・場所を変えることで文脈化したんだよね。

**学生**　そうですね。

## †問いをいかに翻訳するか

**先生**　三番目の男性の育児休暇についてもお願いします。

**学生**　まず一つ目のサブ・クエスチョンですが、社会に導入される新たな仕組みのうち、割合すぐに浸透するものとなかなか浸透しないものにはどのような違いがあるのか。ここでは育児休暇がなかなか浸透しない新たな仕組みになっているわけですが、その一方で割と受け入れられやすいネットを使った買い物など、すんなり使い始める人が多い仕組みもある。そこにはどういう違いがあるんだろうと。

二つ目は育児休暇を少し突き詰めて考えた時、会社の中で育児休暇を取る人と取らない人は、公平かどうかということがひとつのキーワードになるのかなと思ったので、会社の中で公平であることは重要なのかどうかです。あるいはそれが重要だとしたら、なぜそれが重要なのか。

三つ目は男性の育児休暇が増えないと考えた時、多くの会社が男性優位だからそういうふうに見えるのかなと思ったんですが、世の中には女性のほうが優位な会社もあるわけですよね。そこで、女性のほうが優位な会社にいる男性も育児休暇を取りにくいのかという問いが思い浮かびます。

**先生** 育児休暇の一番目については、まずはこの問い自体を育児休暇だけに限定せずに大きく抽象化し、新しく導入される制度の浸透のしやすさ、しにくさに着目したんですね。男性の育児休暇の場合は浸透しにくいということに注目し、一段階抽象化の度合いを上げることで、浸透しやすい制度との比較ができる。そういうことを考えたわけだよね。

**学生** そうです。

**先生** そういう意味ではこれは一番大きな問いだと思うんだよ。

そして二つ目では、同じ会社の中でも育児休暇を取る人と取らない人がいることに注目した。今度はアクターによる違いを比較の視点に入れて、その違いの理由として「会社の中で公平感をどう捉えているか」ということを考えたわけだよね。

三つ目ではさらにそれを広げ、同じ会社の中での違いだけでなく、違う会社との間でどう違うかということを考えた。その会社は男性優位か、それとも女性優位か。ここにはもうジェンダーの視点が入っていますよね。アクターと場を両方変えることにより、問いを翻訳・展開できてきますね。

## †現象のねじれを感じる

**先生**　こうやって三つの問いをそれぞれ自分で展開していく中で新しい気づき、つまり「あっ、このテーマのここは面白いんじゃないか」「これをもっと追求したらもっと良くなるぞ」みたいなことはありましたか？　あえて三つに分けて問いを考えることにより「ここはもっと面白くなるぞ」みたいなアイディアは浮かびましたか？

**学生**　一番それを感じたのは語り部のクエスチョンを考えている時です。その場では語る側・聞く側に分かれていて、立場の違いをすごく明確に感じます。でも三つ目のクエスチョン（一方的な語りと語り合い）が思い浮かんだ時、その立場の違いが少し曖昧になるというか、混ざることもあり得るんだなと思ったんです。語り部の場ではすごく意図的にというか、能動的に立場が分けられているのかもしれないと。

つまり、その気になれば世間話的に「どっちが語り手でどっちが聞き手」と分けなくても話ってできそうなのに、あえて語る側・聞く側に分けてるんじゃないかと。ここは面白くなりそうな感じがしました。

**先生**　でも語り部の場合、語るべき内容・ストーリーが語る側にたくさんあって、聞く側にはないんだよね。そういうことによって自然に立場・役割が区別されるのか、それともあえて能動的に変えているのか。それについてはどう考えていますか？

**学生**　もちろん語る側にコンテンツはあるんですけど、聞く側にも疑問や感想が出てくる。でもそれを表に出す機会があまりないような気がするんですよ。だから結局、双方向じゃないと思ったんです。そして、それが意図的なのだとしたら、動画や文章で表現してもいいのになと。face-to-faceであることの強みって、双方向で簡単にやり取りしやすいことですよね。双方向でやり取りしやすい手段を取りながら、一方的に語るというところがちょっとねじれて見えて、それが面白そうな気がしました。

**先生**　たとえばＳＮＳとかそういうメディアだと一方的になりやすい。ここではface-to-faceだから双方向なのに、あえて一方的な語りに偏っていることですね。

**学生**　そうです。だから選んでいる手段と実際に起きていることとの間にねじれが見えて、面白そうだなと思いました。

**先生**　なるほどね。

**†メタな視点から問題を分解する**

**先生**　二番目のapology（謝罪）についてはどうですか？「ここは新しいクエスチョンに

なりそうだな」「これは魅力的な研究になりそうだな」みたいな発見ってありましたか？

**学生**　前回、慰撫としての謝罪というのが出てきた時「ああそうそう、こういう謝罪って日常にいっぱいあるよな」と思った一方で、その対極としての謝罪会見とか裁判で被告が誠意のある謝罪をしなかったみたいな報道を思い出した時、すごく両極端なことを求めてるのかなと思いまいした。

「ごめんなさい」「申し訳ありません」みたいな言葉を使う時、誰も「この場面ではこうであるべきだよね」と言わないけど、常識として今求められていることをシェアしている。そこを繙《ひもと》けたら面白そうだなと思いました。

**先生**　あとは育児休暇についてなんだけど、これについては前回の議論で次のようなことを言いましたよね。「最初の素朴な議論だと決まりきった原因を探り、それではじめればたぶん研究できるんだろうけど、それだとどんな面白いことがあるの？」と。それにたいしてこの三つのクエスチョンを考えた時、今言ったような問題はクリアできたと思いましたか？

**学生**　うーん、やはり難しかったです。クリアできたかというとそうではなくて「じゃあこういう問いにすれば面白いんじゃないか」と自信を持って言えないんですね。でもたとえば浸透する制度と浸透しない制度という見方をしてみると、前回の初発の問いよりは少し高いところから問題を見られたのかなと思います。前回、メタ障害と名づけたものについて見るにはただ育児休暇という具体的なものを見るだけでなく、浸透するかしないかという視点から見るほうがよさそうだなと感じました。

**先生**　制度が浸透しやすいかしにくいかと言った時、二つ目に公平感というのが出てきて、三つ目に男性優位・女性優位と言うのが出てきた。つまりジェンダー化された職場環境において、制度の浸透はどう違うのかということですよね。最初から「男性優位の会社と女性優位の会社のどちらが育児休暇を取りやすいんですか?」と考えるのと、このリサーチ・クエスチョンは違うものですか?

**学生**　はい、違うと思います。頭の中で思っていた前提の部分として「会社では男性が育児休暇を取りにくそう」というふわふわとしたイメージだけはあったんですけど、「いやいや、女性優位の会社もあるな」と。もし万能の研究者でその原因が全部わかったとして、そことは前提の違いそうな女性優位の会社だったらどうだろうか。そういうふうに見方をガラッと切り替えられたので、問いの考え方が変わったと思います。

## †方法と理論を検討する

**先生**　前回に比べると問題意識がはっきりしてきたと思うんだけど、次のステップに行く上で、二つのことを議論しましょう。ひとつは研究の方法の問題です。いくら面白いクエスチョンでも、どうすれば研究できるか。空想で答えを出すんじゃなくて、実際に自分が何らかの現象を観察し、データを集めてその問いに答えていくという方法を取らなければなりません。そのためにはどういう方法を取ったらいいか。これはまだリサーチ・クエスチョンにはなってないんだけどそういうことを想像した時、こういう分野だったらどんな方法があるのか、考えてみましょう。

もうひとつはこれと同じぐらい重要なんだけど、いろいろ読んで勉強してきた中でそれはどういう学問分野、どんな理論的な理解の仕方に関係しそうかを考える必要があります。一番目が方法とすれば、二番目は理論について考えたいということです。

こういう研究で大事なところは、その方法が実際に実現可能かということです。しかもそれは、どういう方法を取るかで違ってくる。たとえば陳腐な問いでも、方法が斬新であれば面白くなる可能性があるわけです。それから理論についてですが、「こういう研究をやった時、誰に読んでほしいか」ということの中に学問的な貢献ということがあります。その貢献の宛先をどんなところにまとめるかによって、同じ問いでも違う意味を持つのね。

今言った二つの点をちょっと遠目に眺め、石澤さんの三つのテーマにあてはめながら少しずつやっていって、その中でだんだん絞っていきたいと思います。じゃあ、まずは方法から行こうか。語り部について、さっきほどの三つのクエスチョンについて、どんな方法でリサーチできると思いますか？

**学生**　まずは実際に語り部のところに行き、インタビューすることはできそうです。あるいはそこに聞きに来た人にインタビューする。語り部についてはすでに民俗学の人が研究していると思うので、民俗学の既存の研究は使えそうな気がしますね。

**先生**　民俗学は、語っているnarrative自体を研究する学問でしょ。民俗学の本を読むということは、民俗学の研究をやるってことですか？

**学生**　いえ、違います。でも民俗学のそういう研究を読むと語り部がどう語っているのかはわかるだろうから、一方的な語り部による語りの姿を知る手段にはなりそうだなと。

**先生**　民俗学の中で語る側・聞く側の問題はどういうふうに論じられているかということも、民俗学の本を読むと出てくるんでしょうか？

**学生**　民俗学はわからないですけど、文化人類学などではもしかしたら出てくるかなと思います。

**先生**　民俗学だと語り部の語り自体を研究対象にしているわけだよね。民俗学の中で語りという現象はどのように捉えられているか。これは二つ目の理論のほうに入っちゃうかもしれないけど、民俗学は、方法として扱う対象なのか、それとも貢献の宛先になるのか。

どちらでしょうか。別の言い方をすると、民俗学が聞き取った語り部の語りというのはデータなのか、それとも学問の先行研究なのか。

**学生**　先行研究というよりは、データとして扱うことになるのかなと思います。

**先生**　民俗学という学問での語り部による語りの記録の仕方、分析の仕方自体は、語り部という現象にたいして語る側をどう位置付けているか、聞く側をどう位置付けているか。もしそういうことが書かれている本や論文があれば、民俗学という学問を通した言説・知識が、語り部を現象として捉えられているということになるよね。

日本の場合はこういう伝統がすごく沢山あって、語りが記録されている。つまりインタビューに行かなくても、それ自体を読みこなすことによってある程度の分析はできる。そういうふうに考えると、方法はインタビューだけではないのかもしれませんね。インタビューというのは当事者に聞きに行くんだけど、当事者以外、いいかえれば社会が語り部というものをどう捉えているかということについては、まさに民俗学という学問自体がその捉え方を記録してきたわけだから、それはひとつのアプローチになりそうですね。

もし時間がなくてインタビューに行けない時には、セカンドハンドかもしれないけど民俗学における語り部とは何かという研究ができるよね。これは民俗学を宛先にした学問的・直接的な貢献というよりは、民俗学の語りとは一次元違うところでこれを捉えようということです。これは語り部だけの例だけど、実は、データとして学問の論述自体を見ることと学問的な宛先とのの間には違いがあります。

たとえば今の場合だと、インタビューのように当事者の意見を聞くという方法とは違うアプローチをした時、最初に言ったような語り部についての三つの問いが発展する可能性はありますか？

**学生**　確かに、問いが変わり得ると思います。

**先生**　ではインタビューというアプローチでこの問いを追求したらどうなるか。あるいはインタビューじゃない方法、今みたいな民俗学の言説分析みたいなことをやった時、語り部の位置づけがどうなるでしょうか。もしそこで違う問いが出てくれば、どっちがいいか決めなければいけません（この二つでは分析者の拠って立つ視点が異なります）。

方法を選ぶとはどういう視点からそのテーマ、この場合だったら三つのクエスチョンにアプローチするかを限定することです。限定するというのは選ぶということで、選び方によっては面白い問い・研究に発展します。何も考えないで「じゃあこれ、インタビューだよね」ということでやるよりは、ひとつの考えるきっかけを与えることになる。

## †言説分析とインタビュー・観察の両方を検討する

**先生**　次は二番目の謝罪にいきましょう。最初はどんな方法を想定して、研究しようと思ったんですか？

**学生**　最初の二つ（①日本社会ではどのように謝罪が使われているのか、②言葉の意味と自分の心情が離れた言葉はどうやって身に付くのか）だけに限定して答えますね。まず、新聞などでどのように言葉が使われているか。メディア上での言葉の使い方は分析し得ると思います。あとは実際に電車の駅などでどういう言葉が使われているかを聞き取るというか、採集するみたいなことはできそうかなと。

**先生**　一つ目については今言ったように、メディアの言説を分析できるんだよね。でも二つ目のクエスチョンの、どうやってそれを身に付けているかということは、調べるのが難しいですよね。

**学生**　たとえば学校や会社の新人研修を見学しに行くとか、話を聞きに行くとかならできそうですが。

**先生**　そうですね。また、三つ目のクエスチョン、アメリカとイギリスの違いについてももちろんインタビューにできるんだけど、謝罪にかかわる言葉がどう使われているか調べる時、最初に思いつく方法はdiscourse analysis（言説分析）です。だけど二つ目のクエスチョンがあることにより、それ以外のアプローチも可能なのね。さっきの語り部についての問いでは「インタビューでできそうだな」というところから言説分析の可能性も考えたけど、今度は逆を考えてみましょう。謝罪の問題自体を書かれたものを言説分析するのではなく、インタビューや観察で調査したらどんなことができそうですか？

**学生**　どういうふうに研究し得るかということでいいですよね。

**先生**　はい。実際に書かれたものではなく、人に話を聞くとしたら、そのことで得られる知識・情報は言説分析で得られるものとどこが違ってくると思いますか？

**学生**　言葉だけでなく態度や身振りなど、非言語的な情報も得られるのがインタビューや観察だと思います。

**先生**　でも、テレビやビデオからでもそういう情報が得られるよ。

**学生**　録画はカメラに向かって話しますけど、観察の場合は人が人に向かってやる。そこが違うと思うんですが。

**先生**　じゃあ、謝罪の場面に出くわさなきゃいけないね。

**学生**　そうすると、自分が人に何かされなきゃいけないですね。

**先生**　いやいやさすがにそれは難しいから、そうじゃなくて、インタビューだったらどうでしょうか？　謝罪をしたことがある人たちにインタビューする。みんなどこかで謝ったりするわけでしょう。謝ることを中心的なテーマにし、いろいろな人にインタビューする。

それは立場によるから、誰にインタビューするかというのは、研究を進める上で大問題なんだけど。謝ることにたいして研究として聞き取りをするとしたら、そのアプローチのメリットは何だと思いますか？　それによってこの問題・テーマに接近する時、どんな点で言説分析とは違ったことができそうだと思う？

**学生**　ひとりひとりにインタビューした場合、質問を重ねることができる。

**先生**　たとえば誠意・慰撫についてインタビューというアプローチをしたら、どういうことがわかりそう？　言説分析は書かれたものから解釈するしかないんだけど、たとえば誰かに謝るという経験についてインタビューするとしたら、それでわかることってたぶん言説分析とは違いますよね？

**学生**　はい。そこでは本人の意図を聞きだせそうで、それについて深く追究することができるだろうなと思います。

**先生**　そう、まずは意図がわかるよね。それから？

**学生**　あと、その時内心はどう思っているか。謝った時、相手の反応はどうだったか。

**先生**　そうだよね。反応についてどう解釈したか。それは意図とは別のものですよね。これは相手との距離感みたいなこととも関係してくるし、そういうことを重ねて何か身に付けるということは二つ目のクエスチョンにも関係するよね。一つ目の誠意・慰撫という謝罪の使われ方を言説レベルで分析するのか、インタビューという方法を使うのかでまた違ってきます。

ある方法を取った時にこのクエスチョンにどんな発展の可能性があるか。言説分析だったらこっちのほうに行くし、インタビューだったらこっちのほうに行く。そういうことを考えることができるよね。これは普通に見ちゃうと言説分析なんだけど、言説分析のままアプローチすると意外とつまらないところで終わってしまう可能性がある。だけど「質問・インタビューで何かがわかるかもしれないな」と発想した時、そこで気が付いたことはもしかしたら言説分析にも生きるかもしれない。

ここではわざと方法が二つあると仮定して、ある一つの方法の立場に立った時にこの問いがどう変わっていくかということを思考実験としてやってみる。これは一番目（語り部の問題）と一緒だけど対象・方向が違います。

## †パッとみて思いつく調査に安易に飛びつかない

**先生** さて三番目の育児休暇の問題は、どういう方法が考えられるでしょうか？

**学生** 浸透するものと浸透しないものというクエスチョンはまだちょっと抽象的なので、まず「何々について」というケースを決めなきゃいけないですね。

**先生**　それは一個はあるわけだよね。

**学生**　男性の育児休暇ですね。

**先生**　それは浸透しにくいものだから、別の浸透しやすいほうを探したいですね。しかも突拍子もない違う現象じゃなくて。

**学生**　そうですね。比較の対象を決めなきゃいけないですよね。育児休暇と要素が近いけれども浸透した制度を探してきて、比べるのかなと。

**先生**　じゃあ、これはまだ抽象的だからおいておきましょう。二つ目の育児休暇を取れる人と取れない人の会社の中の公平感とか、三つ目の男性優位の会社と女性優位の会社の違いとかだったら、どういうアプローチができると思いますか？

**学生**　ざっくりした情報はアンケートや質問紙など、計量的研究でできそうな感じがします。それでわかったことをもとに、それでも育児休暇を取った人、あるいは取らなかった人の話を聞く。そういう二段構え的なことができるかなと思います。

**先生**　これをパッと見た時、最初に思いつくアプローチが計量的研究ですよね。それは比較が可能だからです。公平感があるほうが育児休暇が取りやすいのかどうか、男性優位の会社よりも女性優位の会社のほうが育児休暇を取りやすいのかどうか。これらの現象は数えることができるからある程度は計量的なアプローチがとれるし、サンプル数を増やせば要因分析もできる。だけどそれで最初から計量的な分析（たとえば回帰分析など）をしちゃうと、前回も話したように「なんでそれが重要なの？」という問いにまいもどっちゃう。さっき浸透しやすい仕組みと浸透しにくい仕組み、メタ障害という概念から一つ目のクエスチョンを抽象化したじゃないですか？　これ自体はもちろんある計量分析のモデルを持ってくれば計量的にもできるんだけど、浸透しやすいことと浸透しにくいことはメカニズムとしてどこにどんな違いがあるのかということを見つけるのは、計量研究ではとても難しいんですよ。浸透しやすい仕組みと浸透しにくい仕組みの違いを指摘するだけじゃなくて、なぜある違いがこの差を生みだすのかを考える。なぜAとBの分化が生じるのか。そこでは何らかの仕組み・メカニズムを想定しなきゃいけないでしょう？　そういう時にはどんなアプローチが考えられる？

**学生**　たとえば浸透した仕組みを真っ先に取り入れた人・集団について調べてみるとか。

**先生**　早くスタートした人たち、それを採用した人たちについて調べて、なかなかやらない人たちとどこが違うのかを比べてみる。そうすると、そこの部分は最初は質的な研究だよね。計量的な研究でできることと質的な研究でできることは、実はアプローチによって問いの性格が変わってくるという意味では同じようにエクササイズ（思考実験＝試しに頭の中で考えてみること）ができる。

あるいは一つ目の問いについては、やろうと思えば言説分析だってできるんだよね。ある制度が浸透しない理由について人々がどういうふうに報道し、その原因をどういうふうに考えているか、という言説自体は知識として集められますからね。

## †誰に読んでもらいたいかを考えておく

**先生** これまで最初に思いつく方法ではなくて複数の方法・アプローチを考えた時、それによって問いがどう変わり得るか、どう発展し得るかということのエクササイズをしました。

そこで、今度はちょっと抽象的な話になっちゃうんだけど、三つそれぞれについてうまく研究できた時、どんな学問に貢献できると考えますか？ 学問（discipline）の分野や領域、あるいはテーマとしての貢献先はどんなところがあると思いますか？

**学生** 学問の貢献って、どういうことをイメージすればいいでしょうか？ ちょっとすぐには思いつかなくて。

**先生** たとえばこういう卒業論文や修士論文を書いてそれをどこかの学術雑誌に投稿しようと思った時、どの専門雑誌に投稿するかを選ばなきゃいけないじゃないですか？ あと、これを誰に読んでほしいか、一番評価してくれそうな人はどんな分野の研究をやっている人か。語り部の問題だってコミュニケーション論の人に読んでもらうのと、民俗学、あるいは人類学の人に読んでもらうのとでは違うでしょう。謝罪の問題だってコミュニケーション論の人だとこういう研究をやってそうじゃない？　だけど日本文化論・日本社会論の人もこれに当然あてはまる。

三番目の育児休暇は法律的な問題でもあるし、経済・労働市場の問題でもあるし、もちろんジェンダーの問題でもある。社会学や経済学、経営学、法律学などいろいろな分野にまたがっています。

いま「どれかひとつ選んでください」という意味ではなくて、自分の学問の宛先・方向を少し絞った時、どこに貢献したいと思うかを考えることはできそうですか。

**学生**　語り部のリサーチは民俗学などがデータとして扱い得るからこそ、民俗学・人類学にたいして貢献になるのではないかと思うし、それが面白いだろうと思います。

**先生**　民俗学イコールじゃないけど人類学とかね。それから？

**学生**　謝罪についてのリサーチは日本研究・日本文化研究にたいして貢献になるのではないでしょうか。

**先生**　あと他者との距離感であれば社会心理学とか、社会学に入るよね。それにこれは言語の問題でもあるから、社会言語学にも入る。でもこれを言語そのものの問題にしちゃうと、違うテーマになっちゃいます。「言語を通して何が言いたいか」という時、その宛先を考えることになりますから。

三番目の育児休暇についてはどうですか？

**学生** これはやはり社会学的なイメージが強かったです。

**先生** そうだね。家族の問題とか職場の問題とか。

**学生** 社会学の中でもジェンダーについての社会学とか家族についての社会学とか、そういうイメージです。

## †どうすればオリジナリティを生み出せるか

**先生** 学問の貢献先について聞いたのは、自分が「ここに向けてこの研究を発表したいな」「こういう分野の人たちに読んでほしいな」という宛先を想定した時、次のステップとしては当然「その分野でこういう現象がどう扱われているか」ということを勉強しなきゃいけないからです。ある研究の中でどこが問題とされていて、それがどういう議論で分析されているか。今はまだ研究をスタートさせた時点だからそんなことはできるわけがないんだけど、次の段階としてはそういうことができるでしょう。

そういう研究の宛先をある程度想定することは「これをどの領域の文献と関係づけ、この問題を考えていくか」というアプローチになります。それは方法から絞るんじゃなくて、既存の研究の知識を使ってそれぞれのテーマやトピックを位置づけていくものです。これも文脈化（contextualization）なんだけど、このようにもう少し学問的なところでの文脈化をすると、問いの表現が変わってきます。

宛先をある程度自分で決め、自分が読んだ文献の中から「どんな概念が使われ、どんなアプローチが使われ、実際にそれでどんなことがわかっているか」ということを読み取る。まったく同じ現象を研究していなくても、近い現象って必ず誰かが研究しているから、そのことを使うとある程度もう一段階抽象的・理論的な言葉でこれらのことを理解することができます。

**学生**　そういったことを考えるとき、エッセイ・クエスチョンのところで学んだ分析枠組みなどの考え方も使えそうですね。

**先生**　そう。それを使わなければならないでしょう。

それからもうひとつは、実際にこれまでの研究でどんな方法が取られているか。これは方法の選択による研究の specification（特殊化・限定）って言います。

そういうことを考えていくと、この三つのテーマの中でどれが扱いやすく、自分に貢献の余地があるのかがわかってきます。今の段階では「研究したら面白そうだな」というクエスチョンをそれぞれについて三つずつ言ってもらったんだけど、それぞれに対応しそうな既存の知識をもう少し自分で見たうえで「ああ、ここならもうちょっと違うことが言えそうだ」といったことがみえてくる。問いを文脈化した時、その宛先によって自分の貢献の仕方がわかるようになります。

この貢献というのは、別の言い方をするとオリジナリティの発揮ということになります。石澤さんはそこで、他の人がまだやっていない何かを新しくできたかどうか。でもこのことをきちんと主張するためには知識が必要です。こうやって研究を絞っていく時、今言ったような方法と理論、研究の宛先がまずあるんだけど、その中で自分のやりたいこととやれそうなこと、やったことの価値や意味がどれだけありそうかを考えながら絞る。これまで議論してきた三つのクエスチョンは自分でやりたいと思った関心のあるテーマなんだから、その中で今度は「やれそうかどうか」という実現可能性とオリジナリティの発揮の可能性(自分なりの貢献度)、そして今いった、既存の知識を検討して特定化することを前提にしていくと、もう一段リサーチ・クエスチョンを精緻化していくことができるようになるでしょう。

## †「why」は問いのようで問いではない？

**先生**　さて、ここまでで今日のチュートリアルは終わりなんだけど、わかりにくかったところや疑問に思ったところはありますか？

**学生**　関心から問いをつくる時、どういうコンテクストに乗せるかという話がありましたよね。「5W1Hを振り返る」、「アクター・場所・場面」みたいな話が出てきましたが、問いを深めていく方法って他にどんなものがあるんでしょうか？

**先生**　わかりました。アクター、つまり5W1Hのうちのwhoは組織だったり制度だったりするので、特定の人とは限らないんだけど、ある問題にかかわっている人をどう見るかという意味ですよね。

先ほどの三番目の育児休暇の問題についてあてはめると、三つ目のクエスチョンはジェンダーに関係するから男性優位の会社か女性優位かという話が出てきましたよね。このような男か女かといったことは属性ですよね。他には年齢も属性のひとつです。この属性によってアクターを分けていくのは社会科学では一番の基本なんだけど、それをむやみやたらに分けるのではなく、それによって自分の問題意識にどのように新しい問いの展開が見えてくるかを考え、属性によるブレイクダウンをすることができます。

この問題であれば、当然ジェンダーや年齢、あるいは地域性もあるかもしれない。

**学生**　確かにそういわれると、大都市圏の仕事ともう少しローカルな仕事では違うし、あるいは公務員みたいな仕事と民間の仕事では全然違いますね。

**先生**　そうやって思いつくものによって場面や行為者を分割していく。これは一番シンプルなやり方だよね。

私がこういうやり方がいいと思うのは、「なぜ」という問いが出やすいからです。「どうしてそうなんだろう」「なんでそうなっているの?」。こういうリサーチ・研究を考える時、誰もがすぐ飛びつく問いはwhyなんですよ。でもwhyというのは問いのようでいて、全然問いになってないんです。というのも、この問いは因果関係に関係するのだけれども、因果関係というのは一筋縄ではいかない。いろいろな要因が絡まってある現象が起きているし、原因とみなされる現象や要因についても、結果とみなされる現象や要因についても、その複雑さをそのように単純化して考えるのが、とくに初学者にとってはむずかしいのです。大抵はありきたりの因果関係を想定してしまい、重要な要因に目が行かなくなる。

だから、whyの問いからスタートするにしても、その問いをどう分解するかということが実はとても重要になります。原因にかかわりそうな現象をいくつかの要因に分けて考えるとか、結果となる現象についても単純に想定しないとか、原因と結果との間にどんな要因が介在しているかを考えるとか、もっといえば、原因と結果との関係の仕組み自体をどう考えるとか、いろいろな問題が出てくる。その複雑さを理解するために問いの分解という方法がある。そのやり方のひとつは、さっき説明したアクターによって分割していくことなんだけど、もうひとつは why を想定した時のメカニズムの中に出てきそうな、何かを引き起こしている要因をどうやって分解するかです。

たとえば通信手段が発展している今、なぜ face-to-face の語り部が残っているのか。この「なぜ」はそのままでは答えようがないのね。この「なぜ」に答える時にたとえば how、「どうなってるか」という問いを挟むとこれは分解しやすくなる。face-to-face の語り部が残っていると言うけど、その語り部の語りにはどんなものがあるのか。「語り部の語りはどういうものか」というのは観察可能だし、観察によってタイプが違うことがわかったら、この語りが残っている理由はそれぞれ違うかもしれない。

**学生**　遠野のおばあさんの語りと、福島で原発事故の被害にあった人たちの語りは全然違うような気がしますね。

**先生**　語り部という言葉で括れたとしても全然状況も違えばコンテンツも違いますから。

たとえば、「3・11の後、津波被害や原発事故について語り部の人たちはどう語っているの？」という問いを挟むと、そこで伝えたい内容はすごく強くなりますよね。それは民話的なナレーションとは違い、何らかの明確な意識・意図が入っているから、その意識・意図をとらえることができる。

それはhowやwhoにたいする答えだからwhyにたいする答えじゃないんだけど、そうやって考えるとそのメカニズムの中には直接的に訴えたいという意識・意欲の強さという問題があるし、メッセージのコンテンツによって「なぜ」への答えが違ってくるでしょう。

whyというのはすごく素朴に出てくる問いなんだけど、whyのままでは答えようがない。whyに上手く答えるためには今言ったwho（誰が）やwhat（どんなnarrativeな内容か）、how（それがどう行われているか）を挟むと、whyにたいする答えがもう少し限定されます。

すごく素朴に出てくるwhyがあるんだけど、whyが出てきたら警戒したほうがいい。そして、5W1Hを使ってwhyをブレイクダウンする。特にhow、状態を記述することによってその状態を違ったものとして見ると、whyの答え方が違ってくる。

**学生**　関心のあるテーマから問いを見つけ出そうとすると、まずはwhyを考えてしまうから、そこからどうブレイクダウンするかが重要なんですね。

### †無理やりにでもwhyをwhyで分割していく

**先生**　もうひとつのwhyのブレイクダウンの仕方としては、無理やりwhyの数を増やすこともあります。つまり、なぜこういうかたちが残ってるのかという問い自体をもう一回、whyで分けていく。私はある本の中で「五つwhyを考えなさい」と書きました（『知的複眼思考法』）。ひとつの大きなwhyに出会ったら、それを五つのwhyに分けて考えなさいと。

**学生**　その「分ける」というのは並列ですか？　それとも直列ですか？

**先生**　並列でも直列でも何でもいいから、とにかくwhyの言い換えをしてみてください。これは前回宿題にした「それぞれの問題について三つクエスチョンを考えてごらん」という機械的なやり方と一緒なんだけど、そうやって自分の思考を型（この場合は数）にはめることで、最初のwhyはいかに漠然としたwhyであるかということがわかります。まず、そこに気が付くこと自体が重要です。その上で、有効な分け方をするにはさっきのアクターや場面、５Ｗ１Ｈを使ったクエスチョンによって、why自体の問いを変えていくということをやればいい。

**学生**　前回のチュートリアルでは抽象化するという話がすごくありましたけど、今のお話は具体化するということですよね。

**先生**　そう。でもこれは抽象化でもあるんです。その5W1Hを挟む時に抽象度を一次元上げてもいいわけです。通信手段が発達しているにもかかわらず、face-to-face の語り部が残っているのはなぜか。これを「face-to-face の必要がない場面でもなぜ、face-to-face の語りが残っているのか」とすると一次元抽象度が上がっていますよね。

このようにもう一つ why を考えるという時、抽象度を上げることもできる。もちろん具体化するほうが楽です。具体的な例を考えていけばいいからです。しかも具体化（例示など）のほうがより問いが限定されるから、そちらのほうが展開はしやすいんだけど、問いによっては抽象度を高めたほうがいい場合もあります。

たとえば「なぜ聞きに行く人がいるのか」という問いの「なぜ」にたいして「聞きに行くってどういうこと？」と考えてみる。聞きに行くという行為自体の抽象度を変えて考えると、この「なぜ」の問いを分解できますよね。

### †当たり前の問いで終わらせない

**学生**　ブレイクダウンの方法はわかったんですが、反対に間違ったブレイクダウンの仕方ってあるんですか？

**先生**　この段階では間違いについては意識しなくても大丈夫なので安心してください。自分の関心をリサーチ・クエスチョンや研究課題に近づけるために、なるべく限定するんだけど、同時に最初からあまり狭く限定してしまうと、そこで失われるものは大きいんですね。だから今回はある程度広げたり縮めたりと、両方のことをやっているわけです。

**学生**　最初から「これをやっちゃいけない」と決めちゃうのはよくないんですね。

**先生**　あと、間違いではないんだけど、「そんなの当たり前だろう」というブレイクダウンもあるんで、紹介しておきましょう。たとえば育児休暇について言えば、民間企業よりも公的機関のほうが「これを実施しよう」と命令すればすぐできる。これは当たり前のことなので、ブレイクダウンしたところで意味がない。

**学生**　確かに、すごく忙しくて労働時間が長い企業と労働時間が比較的に短い企業でも、後者のほうが育児休暇を取得しやすいのは当たり前だから、これをクエスチョンにしたところでブレイクダウンにならないですね。

**先生**　でも、それ自体はクエスチョンとして全然面白くないんだけど、その違いを見つけた時、そこから先にもうひとつの問いをどう発想するかで、その問いの意味が変わってくることもあります。

だからいったんは一見つまらない問いになってもいいんだけど、それをどうやったら乗り越えられるか。そこを考えてみる。「そんなの当然じゃない？」となった時に、もう一回メタレベルで考えたり、さっきのブレイクダウンを違うかたちにしてみたりする。そういうことをやるとけっこう凡庸な言い換えにならない。ここで「どうしてそれが凡庸かどうかわかるか」を説明するのは難しいんだけど、だいたい「こういうことってよく言われてるよね」という場面に出くわしちゃったら凡庸と判断すればいいでしょう。ただしそこにも面白い、人が当たり前すぎて考えない問題が隠されている場合もある。

**学生**　それがわかるかどうかは知識との関係もありますね。

**先生**　そうそう。そこで「凡庸そうだな」と思った時、どうやったらその凡庸さを変えられるかと考える。あるいは凡庸だからこそ、それを突き詰めて考えたら違うものが出てくる可能性もある。ここで捨てちゃうか、残すかという判断はあると思う。だから最初からあまり限定しないほうがいいと思う。

## †その学問の方法論だけにこだわらない

**先生**　私は学生と議論をする時、学生の頭の中で起こる思考を広げたり狭めたりということをやりながら、学生に何か気付いてほしいなと思って臨んでいます。

じゃあ、今度は私のほうから聞くけど、これまでの議論を受けて、どう感じましたか？

**学生**　大学や大学院である学部に所属すると、その学問の方法論が前提となってくるじゃないですか。そうした時に、その方法論に限定して考えてしまうので、これまで話してきたことを実践するのはちょっと難しいじゃないかと。

**先生**　確かに、大学生・元大学生であれば「何学部に入っている」「何学科で学んだ」という前提があるので、当然その学問（discipline）や研究テーマ（subject）が当たり前になるんだけど、その中でも複数のアプローチは可能じゃないでしょうか。普通の社会科学であれば、質的研究・量的研究や言説分析は、どんな分野でも行われている研究方法です。だからそれを使いこなす時、「この研究方法で自分の問題意識・問題関心を考えた時にどんな発見があるか。どんなふうに問いが展開できるか」と考えることはできるでしょう。

どんな学部・学科にいたとしても、問いの見方を変えないと、最初に「これがいいかな」と思いついたすごくわかりやすい問いで、全然面白くないままそのまま突き進んじゃうということが起きてしまうから。

**学生**　私は学部生の頃は人類学を専攻していて、一年の頃から「人類学の調査法はインタビューと参与観察だ」と刷り込まれていたので、なかなかそういう発想ができなかったんですよね。

**先生**　実は方法というのは観察できる立場を想定してつくられているから、あえて観察する時の立場を変えてみることによって、見えてくる現象が違ってくることもありますよ。ある学問でひとつの方法以外をシャットアウトしちゃうと、その方法の習熟はするんだけど、そのことによってその学問に特徴的な、ある見方しかできなくなります。

もちろん卒論や修論のレベルだったら、そこでとんでもないオリジナリティのある新しいものができるとは考えにくいんだけど、それでも自分のリサーチ・研究を考える初期の段階ではなるべくそうやって可能性を広げるコツとして、方法の選択を意図的にやる。ここではあくまでリサーチ・クエスチョンを発展させるための手段（思考実験）として、方法の議論をしているんですよ。そうやって頭の中で自由自在にある方法を取った時の可能性を想像し、もしその分野が緩やかであれば一番いい方法を選べばいい。だけど最初から「この方法だ」と決めてかかってしまうとすごく制約されちゃいます。

### †データはいかに知識として使うのか

**学生**　いまの話は課題としてこれからの挑戦してみます。

今回のチュートリアルではそこまで議論がいかなかったんですが、インタビュー、言説分析、計量調査の話が出てきたので、そこについてもう少し聞きたいんですが、社会科学では、どうやってデータを集めているんでしょうか。

**先生**　たとえば、新聞・メディアの言説は集めようと思えば集められますよね。自分からインタビューするのと違って、それらの情報は自分が使いやすいようには集められていないけれども、少なくとも存在はしている。いまならインターネットや新聞、雑誌のデータベースも使える。

それにたいしてインタビュー、あるいは計量的研究も自分で質問紙をつくってやるのであれば、データ自体を自分で企画・計画してつくらなければなりません。

「つくる」といっても勝手に「つくる」わけではないので、実際に採取しなければいけません。すでにあるものを集めるのに比べると、そこではどういうかたちでインタビューをするか、どのように質問紙をつくるかという研究者の側の作為・意図がより反映されます。より自由度が高くてお金も時間もあるならそういう方法が取れるけど、時間の制約があればそれはできない。そうすると今度は既存の知識を使い、それをいかにしてデータとして見るかという視点の問題になっていますね。

**学生**　たとえば、さきほどの語り部の語りについて、民俗学のデータを使うとかですよね。

**先生**　そうです。書かれたものや数字はそれ自体がひとつの一義的な意味を持っているのではありません。それらを集めた時、どうやってそれを読み解くか。そこでメタ的な視点を持つとまさにそれらがデータになるんですよね。僕はこれを知識社会学的方法と呼んでいます。

社会科学の中では観察された事実によって議論をサポートするというのが基本中の基本だから、観察されない事柄をそのまま「きっとこうだろう」と推論するのはやっぱりどこか弱いんです。もちろん必ず推論は残っちゃうんだけど、その推論をサポートするための根拠と証拠により、自分のイマジネーションだけでなく、それが観察された現実と対応関係があることを示さなきゃいけない。ここでは証拠が根拠になり、正しい理論的な推論はそれ自体の根拠になります。

前回のチュートリアルでやったように、既存の研究を読むというトレーニングをして「優れた研究ではどの方法を使っているか」という知識を得ていれば、真似るお手本はいっぱいある。単純にお勉強をして「こういう人がこういう論文でこう言っている」という知識を得るのではなく、まさにロールモデルとして研究を捉える。研究の追体験です。

**学生**　お手本みたいな？

**先生**　まさに追体験するためのお手本ですね。想像力を持って先行研究を読むと、理論の使い方、データの集め方、さらには集めたデータをその人はどう論じ、上手く正当化しているかがわかってきます。

## †常に問いをもっておくと自然と情報がはいってくる

**学生**　いまのデータのことと関連して、問いを決めていくときに、方法を選ばなきゃいけないわけじゃないですか。方法を選ぶための根拠づけとして「限定し、選ぶと面白くなる」というお話がありましたが、選んで限定することには一方でリスクもあると思うんですけど。

**先生**　他を捨てますからね。でも、最初から決めちゃうんじゃなくて、少しやってみればいいですよ。仮決めという考え方です。

すでにあるデータを分析するんだったら、そこにアクセスし、ダウンロードしてどんな質問が含まれているかを眺めながら「自分はこの問いにたいしてこういう分析ができるな」と想像する。インタビューもとんでもなく難しい対象だったら駄目だけど、まずは手始めにやってみたければ話を聞きにいってみる。

質的研究についていえば、実は僕たちは日常的にいろんな場面を観察し、観察によって反応している。僕たちは普段の生活の中でも、体系的じゃないけどいろんなことを聞いたり、それにたいしてこちらがさらに質問をしたりしている。そうした感じで試しにやってみればいいでしょう。これはパイロット・インタビューと言うんだけど、とりあえず身近な人に聞いてみるというのはいいですね。そこで、もう少し具体的な反応を見ることにより、そのテーマについて自分が考えていることとは違う反応のあり方を探ってみればいいでしょう。その相手は友達でも家族でもいいです。

**学生**　味見する感じですか。

**先生**　そうそう、味見してみる。質的方法が優れているのは、日常的にやりやすいということです。

あと言説分析もそういう意識に立ってやればいい。たとえば一番目について民俗学の本を何冊か集めてみて、語り部というのはどうやって紹介され、どういうふうに書かれているかということを読み始める時、そのテーマを読み解くんじゃなくて書き方に注目する。語り部についての書き方を見るつもりで読むと、データになりますよね。

あと雑誌などでもたくさんインタビューが行われているけれども、これはここで言う語り部と同じ現象なのか。雑誌のロングインタビューはこの中にどうあてはめられるか。テレビによく出ている歌手やタレントのインタビューでさえ、上手くやればデータとして使えるかもしれないでしょう。これは要するに読み取る側の観察力の問題で、自分が観察者としてどういう立場を想定するかで、その観察対象との関係が違ってくる。

実は、私たちはほぼデータに囲まれて生きていて、そういう意識を持って何かを見始めたら発見がある。

**学生**　そういう生活は息苦しい感じがしちゃいますね。

**先生**　だからいつもそうしていろとは言えませんけど、プロの研究者はある問題・テーマについてかなりの時間をかけて論文や本を書いたりするんだけど、そういう時はあるテーマにすごく関心が集中してるから、人と話してる時も自然とそのテーマの話をするようになっちゃうんですよ。

**学生**　アンテナが伸びて、それがキャッチするんですね。

**先生**　そこでの相手の答え方によってもう一回自分の考え方を修正したり、あるいは「これは面白いと思ってくれそうだな」と感じたりするんですよね。だから日常会話というのは意外と質的研究に似ていますね。

## †比較の効用を意識しておく

**学生**　いまの質的研究と少し離れるかもしれないですけど、今回のチュートリアルでも出てきましたけど、データを扱う時に比較しますよね。でも、それによってすごくつまらなくなることってありますよね。この比較について、基本的な考え方を教えてほしいんですが。

**先生**　わかりました。比較の役割はいくつかあって、まず、単純にＡとＢの違いがわかるということですよね。Ａに関心があったらＢを示すことにより、Ａの特徴がわかる。私たちが日本とアメリカ、男と女、高齢者と若い人を比較すると、違いが見えてくるでしょ。

もうひとつは、まず二、三つのグループに分け、それらを構成している要因を見る。ある現象には因果関係があるわけですが、そこではどの要因がより働いているか。あるいはどの要因により重きを置くか。一方にはそれがないのに、一方にはある。ここでは単に「ある」「なし」という記述をしているわけでなく、今度は（因果関係の）「説明」になるわけですよね。ある現象がある場合とない場合では結果が違っている。当然ここには因果関係があり、それを推論する時の比較がある。

さらに、比較にはメタレベルに立つという、もうひとつの機能があるんです。これが一番難しい。

たとえば三番目の育児休暇の問いから、浸透しやすい仕組みと浸透しにくい仕組みがあるというクエスチョンが出てきました。これは比較することで、何が原因で浸透しているのか浸透していないのかがわかる。

だけどそれよりもさらにもう一段階上のレベルに行った時、たとえば浸透しやすい仕組みと浸透しにくい仕組みという比較を考えた時、浸透しやすい・しにくいという見方自体が私たちに何を問いかけているのか。浸透しやすい・しにくいというペアになっているからこそ、そのペアが突き付けている現象、「そのことの意味って何なのか」ということについて考えようと思えば考えることができる。

ここで浸透しやすい・しにくいと言っているけれども、浸透してるっていったどういうことなの？　浸透するというのは多くの人がやってるというだけのことなの？　それとも多くの人が納得してるということなの？　あるいは浸透しにくいというのは、みんながみんなそれをやりたがらないというただそれだけのことなの？　それともやりやすい、やりにくいという条件の違いなの？

これは当たり前のことだけど、「浸透」という言葉と「しやすい」「しにくい」という言葉を組み合わせ、それらを対比した時、これらの対比のペアはいったいものの見方として私たちに何を突き付けているか。ここでは当然、浸透しやすいほうがよくて浸透しにくいほうが悪いという前提がある。浸透しやすいというのはやりやすくて簡単で障害が少ないということなのかもしれないし、浸透しにくいということはその反対なのかもしれない。あるいは、気が付きやすい問題と気が付きにくい問題、言語化しやすい問題と言語化しにくい問題ということなのかもしれない。抽象度が低くてすごくわかりやすいものと、すごく抽象的で「いったいそれって、何をやったらそうなるの？」ということかもしれない。

こういう議論は全部比較によるんだけど、どの視点からそれを見るかということを自覚する時に役に立つ。これは自分のメタ的な視点を発見するための比較なんですよね。僕たちは物事を認識する時、細部しか認識できないからそこには必ず比較が含まれる。一緒くたの一色として世界を見てたら何も見えないので、目立つところは色分けをして形で認識するとか、必ず境界を付けることによって物事を認識する。これによってものだけでなくすべて（「こと」を含めて）を認識するんだけど、そういう時の見え方の違いを自覚する時、実は比較というのはいいんですよ。なぜなら、比較している時に並べているものって「概念的にどの次元で同じにしてるの？」ということが絶対前提としてあるから。そういうことを自覚するのに比較というのはとてもいいです。

今言ったように比較には三つぐらいの役割があり、三番目が一番難しいんだけど、そうやってものを比べてみることにより、いったい何を発見させてくれるのか。そういう比較の効用に意識的であれば、ものを比べている時に「自分はそこで比べることにより、何を見たいと思ってるのかな」と意識できるはずです。

**学生**　大学一年で人類学のレポートを書いた時、先生から「簡単に比較に飛びつくな」とさんざん言われた記憶があります。例えば「日本文化とアメリカ文化の違い」というテーマを掲げておきながら、実際に議論しているのはあるひとつの面でしかないと。

**先生**　その場合、日本文化・アメリカ文化というように概念を並べてるから、文化として並べられた時の基準がどうなのかということをメタレベルで自覚すれば「ああ、それじゃ駄目なんだ」ということに気づきますよね。

たとえば、「男ってこんなもの、女ってこんなもの」とカテゴライズしたとたん、その比較の前提としてどんな特徴を想定して見ているか。そういうことを自覚するためにあえて比較してみて「ああ、これはステレオタイプだな」と気が付くことがあります。

僕たちはそういうことをしょっちゅうやっている。「男だからこう、女だからこう」とか「高齢者はこうだ」とか「日本人はこうだ」とか言っていますが、ここで主語を変えてみる。たとえば「男とは」と言うけど、そこで「男とは」と言ってる主語・アクターは何か。そう考えるとステレオタイプから逃れられるんですよ。

### †クエスチョンはあってもパズルがない

**先生**　では、本日の最後に僕から質問ですが、あげてもらった問いのなかで、一番やめたいと思ったものはなんでしょうか。

**学生**　育児休暇の問いは面白くはならないなと感じましたね。

**先生**　前回も言ったけど、優等生が思いつきそうな「社会問題から自分のリサーチ・クエスチョンを考える」というのはそれ自体をやるとあまり面白くならない。すでにどこかで書かれているようなことになってしまうんですよね。重要な問題ほど、他の人がすでに論じているから、オリジナリティを発揮しづらいということでもある。

**学生**　育児休暇の問いがつまらなさそうというのは何となく直感的ですが、他の二つよりは掘り進めにくいなと。

**先生**　一見重要に見える社会的な問題のほうが多く語られているし、それにたいしてはある紋切り型の答えが用意されていることは多いですね。語り部や謝罪は現象自体、最初の着目点のところで誰もが思いつくものではないから、こういうものは掘り下げやすい。だけど三番目の問いは結婚して夫がいる人であれば思いつくし、子どもが生まれても保育園が足りないという関心からすれば比較的思い浮かびやすい。それを規定している要因が何かということもある程度、この間の話のように思いつくんだよね。

オックスフォード大学でこのクエスチョンを出したら先生はたいてい、「クエスチョンがあってもパズルがない」といいますよ。パズルというのは「なぜそれを考えたいの？」というところの……。

**学生**　面白さ？

**先生**　考えることや調べていくことの面白さをかきたててくれるような知的な問題ですね。

あるいは知的に何らかの一工夫があって「これを問い詰めていくと上手く解答できる。何か違うものが見えてくるぞ」というワクワク感みたいなものです。

では、本日はここまでとします。次回までにこれらのクエスチョンに関して、どのような研究がされているか、調べてきてください。

# 3日目　キーワードを探すために

## †いかにキーワードを増やすか

**学生**　前回の最後に言われたように、文献を調べようとしたんですが、どうも似たような研究を探すのがむずかしかったです。似ている言葉や関連するキーワードをいれる必要があるんだけど、どうもうまくヒットできませんでした。

**先生**　わかりました。そのキーワードを探していく上でも、まず、復習をしましょう。三つのテーマについて石澤さんが三つのクエスチョンを考えてきたわけだけど。

**学生**　この間考えた結果として、語り部についてのクエスチョンに絞ろうと思っているんですが。

**先生**　語り部については前回、これをどういう現象として扱うかということを議論したよね。そこでいくつかキーワードが出てきたと思うんだけど。

**学生**　語り継ぐとか。

**先生**　あるいは語り部という現象を他の言葉で言い換えたら？

**学生**　ナレーター、ナレーション。

**先生**　それから？

**学生**　口伝とか。最初にこのクエスチョンを考えた時、口伝という言葉は思い浮かんでなかったけど、たしかに情報伝達のひとつの技法としては、口伝というかたちになっている。

**先生**　あと、民俗学の話をしたじゃない。民俗学の中で語り部という現象はどういう言葉で扱われているのか。語り部という現象を語り部としか言わないのか、あるいはその上位概念があるんでしょうか。

**学生**　それは論文を調べても出てこなかったです。

**先生**　じゃあ、考えてみましょう。語り部の上位概念は何か。それから上位とは限らないけど、ナレーションのような他の言葉での言い換えも。英語だとこれは何て言うと思う？

**学生**　コミュニケーション論の論文では、イタリックにしてKataribe（narration）と書かれていました。日本語の論文の最初に英文の要約があるんですけど、そこではそう表記されてました。

**先生**　narrativeというのは発話・語りという意味だよね。あとはstorytelling、story、

storytellerとかも考えられますね。それはコンテンツによって語り部になったり、そうじゃなかったりする。そういう周辺のキーワードや上位概念を考え、そのキーワードを増やしていくことができます。

## †現象がどういう言葉で表現されているか探す

**先生** 石澤さんが語り部のどんな問題に関心を持ち、どんな問題（question、puzzle）を明らかにしたいか。語り部という現象自体はわかったから、今度は語り部についての何かを明らかにしたい。そこでクエスチョンにしたい現象はどういう言葉で構成されていますか？ それを考えるのもキーワードを探す一つの方法です。

**学生** 明らかにしたいことは、コミュニケーション方法の変化ですね。ブログやSNSが中心になり、頻繁に使われている世の中で語り部がどう生き延びていくのか。

**先生** 今言ったことは二つあって、ひとつは語り部以外のコミュニケーションの変化、もうひとつはその中での語り部の変化です。まあ、変化してないかもしれないけど。その関係を見たいんですか？

**学生** 変化していく世の中にあって、語り部はどう存続し続けようとしているのか。

**先生** 「どう」というのはhow？

学生　how です。
先生　それをもうちょっと言葉にしてみて。
学生　語り部はどう存続し続けようとしているのか。もし存続し続けようとしているならば（if any）、どんな存続方法を選ぼうとしているのか。もしかすると今後は誰かに取材してもらうという方法を選んでいくのかもしれないし。
先生　今、「存続」という言葉が出てきました。古くからの伝統のあるものがどうやって生き残るか。この場合、コミュニケーションのある形態が生き残れるか、生き残れないか。これも問題がちょっと広がってるね。しかも一段階抽象度が上がって一般的になってる。伝統的な何かを語り継ぐということがどうやって生き残るか。これは人類学でもいくらでもありそうですけど、語り部はその中のひとつですよね。
石澤さんの問い・関心は、現在のようにSNSなど face-to-face ではないコミュニケーションが発達する中でいかに生き残るかということだから、単に前近代的な語りが生き残るかどうかということではない。つまりコミュニケーション・ツールとしての関心だよね。
学生　伝え方に関心がありますね。
先生　たとえば、今のようなネット社会の前に同じような変化って起きてると思う？
学生　うーん……、電話やテレビがそうですね。

**先生**　電話やテレビが普及する前と後では違うよね。telephoneとかtelevisionとか、teleというのは遠隔という意味だもんね。遠くの人とコミュニケーションができるようになった時、face-to-faceの語りがどう変わったか。それ以前とそれ以降の変化に着目した研究を見れば、何か書いてあるかもしれない。それから移動手段にも変化がありますよね。

**学生**　移動手段が発達することによって、聞きに来る人が増えた。

**先生**　交通の発達により、人と会って話すということがどう変わったか。これはまた広い問題だよね。こういうのは一番大きく捉えれば、近代化・科学技術の発達（innovation）です。伝統的な社会にたいしてコミュニケーションの近代化が起こった時、それ以前のコミュニケーションはどう変わったか。ここまで一般化すると、そこから今度は逆に絞り込むほうが難しくなる。でも今の例のように、電話以前・電話以降で人のコミュニケーションがどう変わったかという研究はありそうだよね。それから人の移動が激しくなると、昔のおばあちゃん達が伝承していた事柄が人の移動によって出ていくこともあり得るし、逆に人が来ることもあり得る。それによってどう変わったか。これもすごく一般的な現象だから、ありそうだよね。

## †「何々以前・以降」に注目する

**先生**　今、語り部という現象の周辺にある石澤さんの問題意識・関心をもとに、それをもう少し一般的な概念で言語化しました。その現象自体をもっと広い文脈に位置づけるために言語化したのね。まだはっきりしたキーワードが出てきてるわけじゃないから、これはしょうがないんだけど、何となく中心的なキーワードの周りをグルグル回っている感じはしないですか？

**学生**　そうですね。

**先生**　最初のが言い換えだとすると、いまのはリサーチ・クエスチョンに向かって問題意識を一般化した時、関連しそうな現象を挙げていくと、その現象について研究していることが見つかるよね。さっきの電話が普及する前と後とか。

あと、トーキー映画の前と後とか。それまでは弁士さんや講談師が直接語っていたけれども、映画館に行けばその人がいなくても機械が繰り返し語るじゃない？　それは弁士さん・講談師が語ることとどう違うか。テレビも映画も間接的に情報を伝えるメディアで、face-to-faceじゃないよね。そういうものの発達により人々のコミュニケーションがどう変わったか。そういう研究はいっぱいあるだろうけど、石澤さんはそういう変化の中で、昔からあるコミュニケーションがどう変わったかということを見たいんだよね。

**学生** そういうことだと思います。

**先生** だったらそういう視点からキーワードを探していく。あるいはそういった類の研究を思い付くような現象として、さっき先生が言ったような「何々以前・以降」に注目する。その「何々」は電話であったり映画・テレビであったり、交通手段の発達であったりする。そうやって見ていくと、もうちょっと見つかるかもよ。これはどちらかというとコミュニケーションに焦点を当てた文献の探し方ですね。

## †アクターに焦点を当てて、別の側面を探す

**先生** 他には人に焦点を当てた探し方があります。つまりナレーター、語り部自身の研究です。たぶんこういう研究はあると思うんだけど、人が移動してそこにわざわざ聞きに来るのは一種の観光(tourism)です。観光資源としての語り部がいて、そこで語り部をやるのはどういう人で、観光という文脈の中で何をしようとするのか。これはリサーチ・クエスチョンから現象を一般化するアプローチとは違い、もう少し人に焦点を当てて、語り部が観光化した時にどうなるかという話だよね。そうすると観光がキーワードになるのかもしれない。一般の直接的なナレーションという現象の中で、観光ってどう位置付けられ

るんだろうね。観光というのはお客さんがお金を払ってそこへ行き、話を聞くという現象でしょう。

**学生**　震災語り部の人たちはボランティアでやってますけど。

**先生**　語り部の人たちがお金をもらうとは限らないけど、震災が関連しているにしても、そこに来る人たちの目的は広い意味での tourism だよね。最近だとダークツーリズムという概念もある。チェルノブイリに行くとか。

**学生**　学びとか発見とかでしょうか。

**先生**　うーん、学びというのを入れるとちょっと違うかな。それだと学習のためのコミュニケーションになっちゃうから、ちょっと違うね。

**学生**　最初にこのトピックに関心を持ったきっかけが震災の語り部だったこともあり、そこからいろいろ広げて考えてみると戦争とか災害とか、遠野のおばあさんとはちょっと違う語りがあるなと思います。自分や自分の父母・祖父母が経験したことを風化させないために語るというか。より目的意識を持っている人たちのほうに関心がありますね。

**先生**　そうですか。人から考えていく場合、そういう語り部はどうカテゴライズされるんだろうね。遠野のおばあちゃんは民話を伝える。一方で原爆や福島の原発事故のことを伝える人たちは、どうなんでしょうか？

**学生**　戦争や災害について語る人たちは、自分が語りかけることによって聞き手を変えたいという意識をより強く持っているのではないでしょうか。平和や防災への意識を高めたいとか、あるいはそういうことに危機感を持ってほしいとか。そういう確固とした目的・信念がある人たちなんじゃないかなと。

**先生**　遠野のおばあちゃんみたいに「昔話を伝えたい」というのとは違って、伝えたい中身がもう少し社会性を帯びているんですね。それはある政治的な価値判断により「伝えることが必要だ」と思われているからだよね。単に楽しい、面白いだけじゃない価値判断が含まれている課題だよね。そういう課題のことを何て呼ぶんだろうね。

単にエンターテインメントとか昔話じゃなくて、何らかのメッセージを持っていて、語る人が「これは後世に伝えていくべき重要なことだ」と思っている問題。戦争・災害などといった出来事（problems）が非常に大きな苦痛をもたらした。これはプラスよりむしろマイナスを生む経験だよね。そういうことを伝えたいというのは、どういう現象なんでしょうか。

**学生**　ある意味、間接的な演説みたいな感じがしますね。「どう変わってほしい」という方向性がある程度自分の中にあり、それを伝えてるから演説に近いのではないかと。

**先生**　伝えることによって変えたいということだよね。

**学生**　あるいは学んでほしいとか、自分が教えたいとか。

**先生**　そこには学習・教育と近いコミュニケーションが入ってくるよね。「人を変えるために語るというのはどういうことか」と言うと、もっと大きな現象と関係する。人を変えるために語る。お坊さんや牧師さんは日常的にそれをやってるけど、そんなに毎日やることじゃない。それは一回きりのことで一期一会だよね。お坊さんや牧師さんのようにそこに行けばその話を聞けるということがわかっていて、職業として成り立っているわけではなくて、その人の経験自体が語る内容だしね。だからこれは学校の先生とも違う。そこで伝えようとする知識は経験をもとにしているから。つまりこれは人々の経験を通じてそれを伝えることにより、他の人を変えたいという現象だよね。

語り部という人に焦点を当てて考えるというアプローチを取ったら、今みたいに遠野のおばあちゃんとの違いを言えたでしょう。しかもそれは宗教家とも違うし、学校の先生とも違う。宗教家や学校の先生は専門家として語ることで人を変えよう、学ばせようとしてるんだけど、それとはコンテンツも違うし聞き手との出会い方も違う。宗教家や学校の先生は教会・学校という制度によってすごく保証されているけれども、語り部の場合は制度化の程度が弱いでしょう。そこに行くとその人がいるということはみんな知ってるんだけど。

このように人に焦点を当ててその現象を解きほぐしていくと、またちょっと違うもやもやとした何かが出てくる。これはまだもやもやしてるから文献は探しにくいかもしれないけど、もやもやしてるところにもいくつかのキーワードが存在しますよね。そのキーワードのグループは、さっきまでのグループとはまた違うはずです。

## †言葉がないときはXとおいてみる

**先生** 今みたいに語る人を中心にしてそれをキーワードにしていくと、それはその領域のコミュニケーション論、あるいはteaching（教育的コミュニケーション）みたいな話になるんでしょうか。

もっと踏み込むと社会運動論になるのかもしれませんね。社会運動は「こういう問題がある」と訴えかけて人々の関心を高め、人々と問題を共有する。そういう人が増えることによってその問題が解決できるんじゃないかと考え、悪いことが二度と起きないようにするために行動する。

たとえば、広島の原爆について語る人はある意味では広島の経験からうまれた平和運動であり、社会運動の一部でしょう。だからそういう社会運動という文脈でも捉えられる。運動家というのはもっとアクティヴだから話すだけで終わらないいんだけど、社会運動論の中でnarrativeとはどういうことなのかというのも研究のひとつの方向ですよね。

さっきの宗教・教育という文脈で「教える、学ばせる」という方向もあるし、もっと積極的に不特定多数の人のものの見方や考え方を変えるという方向もある。後者の一番わかりやすい例はactivist（運動家）でしょうか。

**学生**　うん、たしかにそうですね。

**先生**　activistの語りと石澤さんが関心を持っている被災地の語りや戦争体験の語りはどこかでつながってる可能性があります。

どんなキーワードでさらに探していったらいいかは、すぐに言えないんだけど、すぐに言葉がない時にはXと仮に考えるといい。今ここで小さいXが出てきて、ひとつひとつのことはまだわからないんだけど「だいたいこんなところかな」というところに少しずつ言葉を与えていき、その言葉の塊に関係のある現象を並べてみる。今言った社会運動も一つの現象で、これとnarrativeは現象としてひとつの領域をなしています。

たとえばマーティン・ルーサー・キング・ジュニアのあの有名なスピーチは語り部なのかね。

**学生**　activistですよね。

**先生**　そうでしょう。彼は宗教家でもあるんだけど、自らの経験をもとにして人種差別という問題について演説し、あれだけの人の心を動かした。それにより本当に人々が感動し、変わるわけでしょう。しかもワシントンのあれだけ広いところで、何万人もの人が集まっている中でやった演説ですから。これは小さい語り部の語りとは違うけど、現象としては同じでしょう。

**学生** たしかにそうですね。

**先生** 社会運動のように党派性に基づく何らかの活動家の集団が組織されていなくても、個人としてその人が伝えたいことがある。ある活動家にサポートする集団があり、お金も集めるとなると個人の語りからはちょっと距離がある。一番シンプルなのはひとりでやることですが、それが運動と呼べるかどうかわからないけど。

このようにいろんな幅をつくることにより、その現象のどこに焦点を当ててるかということがわかってくるでしょう。最初から activist だけ、あるいはひとりの語り部だけで見るのではなく、このようにいったん幅を取ることにより文献が見つけやすくなります。現象に広がりを持たせることができるからね。

たとえば、卒業式の時、校長先生がやる説話みたいなのはどっちなんだろうね。先生としてはそれによって何かを教えようとしているんだよね。これらは全部頭の中で比較していくことでみえてきます。

あまり一般化し過ぎちゃうと焦点がぼやけちゃうんだけど、そこは行ったり来たりしながらある幅を取ってみる。これまで話したように、違うアプローチを取ることによって違う文献に出会う可能性が出てくるわけだから、まずはそういうのをやってみるのがいいのではないでしょうか。

**学生** たしかに。幅を取ることですね。

**先生** さっきも話したけど、その時に大事なのは、今はまだ言葉になっていない小さなキーワード（X）を考えてみることです。今の例であれば社会運動におけるスピーチという問題を考える。するとその周辺にある言葉ってあり得るじゃない？ 何か考えつきますか？

**学生** 聴衆とか。

**先生** 聴衆ね。それから？

**学生** デモとか。

**先生** そうだよね。demonstration のもともとの意味はまさに、何かを訴えるということじゃない？ 一般的にデモと呼ばれているのは、みんなで行進することのようだけど、示威行為、何かを伝えようと思って行動することを指しますから。

**学生** 体現するみたいな。

先生　それがひとつあるよね。それから？

学生　これはデモから広がるけど行進するとか、行動に移すこと。

先生　行動ね。でもそれだとだんだん離れていっちゃうから、もう少しスピーチに近いことで何かない？

学生　スピーチだけじゃなくて、誰かと誰かが議論することによってパフォーマンスするみたいな。討論？

先生　討論会ね。ディスカッション・討論会というのはひとりが話すのとは違うけど、ディスカッションを見せるということだよね。

学生　パフォーマンスの要素もありますけど、それも人を変えるためにやっていますね。

先生　そうだよね。そうやって考えていくことで様々なキーワードが出てくるでしょう。

## †出来事からキーワードを探す

先生　あともうひとつ、四つ目のアプローチとして出来事から考えるというのがあります。

学生　出来事から探す？　具体的な出来事ですか？

先生　極端な話、たとえば被災地・被災体験というのはキーワードでしょう。あるいは戦争体験もそうでしょう。

**学生**　そういう意味では、水俣病を語り継ぐ語り部たちについてはいくつか論文がありました。水俣病を風化させないための語り部、コミュニケーション論の研究はありますね。

**先生**　現象としても水俣病というのはひとつのいい事例だと思う。これはいろいろな人がかかわったから関心を集めたし、世界的にも有名になった。『苦海浄土』などを著した石牟礼道子さんもある意味では優れた語り部だった。文学論でも石牟礼さんという人をめぐる議論がある。石牟礼さんは水俣病のことを本に書いたけど本質的には語り部としての性格をもっていたから、石牟礼道子という人自体が語り部研究のキーワードになるでしょう。石牟礼さんや水俣病のことをやっても新しい研究にはならないけど、コンテンツから考えていけば当然、3・11や福島の被災者というのが出てきますよね。これはたぶんすでに研究が出てきていると思うんだけど。3・11や福島は一番わかりやすく見つかりやすい最後のアプローチだと思うんだけど、その前のアプローチをもう少し一般化・抽象化してみる。水俣病自体、福島自体を研究するのではなく、それらを語り部という切り口で研究する場合、それらが社会運動、スピーチなどといったより一般的な現象とどうつながるかを考えることが大事です。

それからさっきの風化というのも大事なキーワードだね。なぜそういう人たちは出来事を風化させたくないのか。

**学生**　忘れられたくないから。

**先生**　うん。でもそれはトートロジーじゃない？　忘れられてしまうことを風化と言うわけだから。

**学生**　それを教訓にするとか。

**先生**　本当に教訓にしたいから語るんでしょうか。だって教訓にするために語るというのは、ありきたりのことでしょう。教訓にするということで終わるのかな。

**学生**　その現象に立ち向かった人たちをヒーロー化させるというか。英雄伝説的に残したいのかなと。

**先生**　そういう伝説にしちゃうと言うのね。

**学生**　それが誇りになるみたいな。

**先生**　それはその人たちのアイデンティティの問題かもしれないし、もっと言うと相互承認という問題もある。お互いに自分たちのアイデンティティをどう表現し合うかということは、プライドや依存心に関係する。それが社会問題だとすれば、それを通じて被害を受けた人たちが認められ直すみたいなことだし、その問題を理解してもらうことによって、自分たちのアイデンティティがどう受け入れられるかという問題でもある。だから、単に教訓を伝えたいということじゃないよね。語っている人たちが得るものは、教訓を伝えることによって得るものだけなのかというとそれは違う。語っている人が得られるものって何なんだろう。語り部の人たちが語ることによる実際の効果はあるよね。たとえば聞いてくれた人がその問題について考えてくれるとか、それはわかりやすいんだけど、そこにはもうちょっと違うものが含まれているような気がしますね。

**学生**　そういう語り部の人たちって、平たく言うと被災者であることが多いですよね。たとえば戦争とか震災とか。被災者と言うと弱者っぽいけど、自分をただ弱者のままにさせないために語るのではないでしょうか。

**先生**　そういう問題はあるよね。ここではキーワードとして当事者という言葉が浮かんできますね。日本語で当事者というのはとても重い言葉です。だって、自分が経験してないと当事者になれないから。ここには被災した人たちのアイデンティティの問題があるわけですが、その人たちが語るというのはどういうことか。これは慰撫と関係するよね。

**学生**　うん、関係しそう。

### †モヤモヤからそこにある言葉を探す

**学生**　私の知り合いで、沖縄出身じゃないけど、沖縄の基地問題などにかかわっている人がいました。奥さんは沖縄出身で、今、家族で沖縄に住んでるんだけど、自分は沖縄出身じゃないから当事者の輪に入るのはとても難しかったと聞きました。家族とそこに住んでいても、沖縄の問題を語る当事者の輪にはなかなか入れてもらえない。そういう話を聞いて、沖縄出身の人たちには「自分たちこそが当事者なんだ」というプライド、アイデンティティがあるのかなと感じました。

**先生**　ということは、沖縄出身の人は語り部になれるんでしょうか。

**学生**　沖縄出身で、ある問題について変えたいと思ってる人でないと認めてもらえないんじゃないでしょうか。

**先生**　でも、自分が経験したことじゃなくても語ることはできるわけでしょう。前の世代のことだったら、時間が経つにつれて当事者はどんどん減っていく。だけどそれを伝えたい人はいるよね。亡くなったおじいさんのために何かを伝えたい。そういう人は自分のことを話す訳ではないのに、どうして語り部になれるの？

**学生**　直接の子孫だから。

**先生**　それは関係ないでしょう。その人は経験してないけど、そのおじいさんの孫だったりすると、そうやって人が認めちゃうということだよね。当事者じゃない人も何かの条件で当事者になれるということは、自分は被災者でも当事者でもないけど、ある条件が備われば語り部になれるということだよね。

**学生** そういうことですね。

**先生** 違う町の出身だけどある問題に関心を持ち、そこに行って地元の人たちからいろんな話を聞き、それをもとに語り始めた人は語り部かね。

**学生** そのコミュニティで認められるというか、イニシエーション的なものを経れば……。

**先生** そのイニシエーション的なものがあるかどうか、ある条件が備わるかどうか。これは他のメディアで可能でしょうか。ブログとかSNSとか電話とか。

**学生** ネットだとそれは関係なさそうですね。

**先生** やっぱりその場にいないと駄目なんじゃないですか？ そうすると当事者じゃなくても場所が大事だし、どれだけの時間を過ごすかも大事です。あと自分が当事者じゃなくても、当事者との関係が大事です。何世代も前だったら、当事者はもしかするとこの世にいないかもしれないね。よそ者だけどその問題に関心を持ち、そこに住み着いてしまった人はある出来事の後だって、その人たちとの関係が上手くいけば語り部になれるかもしれない。

つまり語り部は、そこにいる人に認められなきゃ駄目だということだよね。語り部には資格という問題がある。語る資格を持っている人が語る。そこで教訓を与えるだけなら上手く語れる人でいいのかもしれないけど、教訓以外のものを与えるのであればまた違ってくるでしょう。

**学生** お喋り上手かどうかということは全然関係なくて、やはりそこの人に認められているかどうかなんでしょうか。

**先生** そこで代表と見なされる人にだよね。そうすると語り部になるというのは簡単なことじゃないかもしれないね。

今こうやって、語り部という現象をほぐして理解しているわけ。これもさっきまでのアプローチとは全然違うから、またもやもやとしたものが出てきたでしょう。そうするとそこにまたいろんなキーワード、小さいXが貼りつくでしょう。

**学生** 語る資格とかもそうですね。

**先生** それはリサーチ・クエスチョンにもなるし、文献を探す時にも使える。

マーティン・ルーサー・キング・ジュニアが白人だったらあれだけの感動を与えたか。多分影響力が違うよね。

**学生** やはり迫力がなくなる気がします。

**先生** あと石牟礼さんがあそこに住んでいたというのは大きいよね。

**学生** 子どもの頃の記憶みたいなものがなかったら、全然違っていたと思います。

**先生**　やはり語り部が有効に機能を発揮し、シンボル化するための何らかの条件があるんだろうね。そこにはさっきの承認、アイデンティティの問題も含まれるし、時間・空間・人間関係とかいろんな条件がある。語り部という現象が、今までよりはずっと広く見られるようになったでしょう。

**学生**　たしかに、そうですね。今の話をもとにして、キーワードを集めて、関連文献をひろく調べてみたいと思います。

# 4日目　問いからリサーチ・クエスチョンへ

## †どのように検索すればよいのか

**先生**　前回は自分の関心にあわせて文献をどう調べるのかということで迷いがあるようだったので、問いを広げたり、狭めたりする議論をしながら、どうやって文献を探すかという話をしました。

今日は、それをヒントに自分なりに調べてみて、現時点では全部読んでいなくてもよいので、こういう文献が見つかりましたとか、ヒントがありましたとか、そういうレベルでさらにリサーチ・クエスチョンを深めていき、今回で確定したいと思います。リサーチ・クエスチョンに到達するのが今回のゴールです。そして、それにどういうアプローチができるか、方法論までを話していきたいと思います。

まずは、前回の議論のあとで、どんな作業したのかを話してもらえますか？

学生　わかりました。「語り部」というキーワードだけでは論文や研究は見つけにくかったので、少し言葉を変えてみたり、言葉を加えてみたりして、論文検索できるサイトで研究を探してみました。

先生　文献を探したというのは、もう少し具体的にいうとどんなことをしたんですか？

学生　まずは、「観光（tourism）」と「語り部」をキーワードとして検索しました。前回のチュートリアルの時、語り部というのは聞く人がいて成り立つもので、たとえば教会で神父さんが語るというのも語り部のジャンルとしてはありえますが、私が興味があるのは、観光者がどこかにいって話を聞くような形のものであることに気づいて、観光というキーワードと絡めながら調べてみました。

先生　それはどんなサイトを使って検索したんですか？

学生　CiNii という論文が探せるサイトです。

先生　それは雑誌とか論文とか入っているの？

学生　あと本も入っていますね。

先生　これは誰でもアクセスできるの？

学生　そうです。ただし、本文が読めるものは限られているので、概要しかわからなかったり、タイトルしかわからなかったりするものが多かったです。

観光で調べていくと、ホスト（host）とゲスト（guest）という人類学で出てくるキーワードが見つかりました。要は、語り部はホストの側ですよね。こういう抽象化もあるんだなと思い、これに関連してもう少し深掘りして論文を探してみました。

**先生**　それはホストとゲストみたいにしてキーワードにしたんですか？

**学生**　そうです。ホストとゲストと語り部に関する研究は出てきませんでしたが、観光の人類学の分野から、別のキーワードとして、authenticity（真正性）というものが出てきました。たとえば、観光者のために出し物や踊りのような作り物であるショーをみせるのではなく、本当にそこに伝わっている authentic なものをみせることについての研究がありました。確かに語り部も見世物としての語りと、より正直な語り、生々しい語り、authenticity がある語りもあるんじゃないかと考えました。見世物については、疑似イベントという言葉も出てきて、これもキーワードになりそうだなと。

## †ピンとくるキーワードとそうではないものの違い

**先生**　観光と語り部という中心的なキーワードから、それに関連して「ホスト」と「ゲスト」、「ショー・見世物・作り物」「authenticity」「疑似」とキーワードが出てきました。これらからさらに文献を調べていく時に、自分の頭の中でどんなふうな広げ方をしたのか、どうしたら使えそうかなと考えましたか？　あと、文献を探すだけでなく、自分の関心をリサーチ・クエスチョンにしていくときに、それらのキーワードはどんなふうに参考になりましたか？

**学生**　語り部は具体的なものだったんですが、ホストというやや抽象的な言葉が出てきて、さらに、ショー、authenticityも抽象的に捉える助けになりました。これによって、語り部から少し距離を取ってどんな見方ができるかを考えるのに役に立ったと思います。

**先生**　これまでのチュートリアルでも、具体的なものをどう抽象化するかを議論してきたよね。これまでやってきたことは役に立ちましたか？

**学生**　そうですね。これまでの議論があったから、ホストとゲストが語り部を抽象化した概念になりうると気づけたんだと思います。

**先生**　前回からキーワードをどう探していくかという議論をやってきましたよね。キーワードを中心にして自分の関心がどこへ向かうのか、どういう広がりがあるのか、あるいはどういう特徴をもっているのか。それらがキーワードによってわかってくるのだと思います。

こうした作業をやっていく時に、これはキーワードになりそうだな、反対にこれはキーワードにはならないな、とかあると思いますが、キーワードの中で、ピンとくるものとそうではないものをどうやって判断したんでしょうか？

**学生**　ひとつは学問分野にある言葉かどうかを判断の材料としました。いくつか読んだ文献のなかで、参考文献に載っている本のタイトルに使われている言葉は深く、あるいは広く研究がされているだろうと考えて、それを参考にしました。たとえば、さきほどのホストとゲストは深く研究されているので、大事な概念なんだと気づきました。

**先生**　ある程度調べた文献の中で言葉がどう使われているのかが手掛かりになったわけですね。でもそれって外部的なものですよね。そうじゃなくて自分の内部から、なんかピンとくるという感覚をどうやって得たかを言葉にできますか？　もちろん簡単なことではないとは思いますが。

**学生**　自分の中で語り部を言い換えたときのシソーラスに被るかどうかを無意識的に探していたのかなとは思うんですが……。

**先生**　確かに無意識的なのかもしれないけど、キーワードを見ていった時、自分の中で曖昧な関心がピンとくることで明らかになっていくのだと思いますよ。関心によりはっきりした輪郭をもたせるということです。

いま話してくれた中で面白いと思ったのは、ホストとゲストも、authenticity と疑似も、それぞれペアになっていますよね。これは意識しましたか？

**学生**　それは意識しました。第I部のチュートリアルではトリレンマの話が面白かったので、そんな感じで表と裏のようなものを捉えると面白いものが見えて来るんじゃないかと思っていました。今回はトリレンマの関係性は見つからなかったけど、ジレンマとかアンビバレンツになりうるような、二つの概念のセットを探した気がします。

**先生**　いま話してくれたようにキーワードがどのように形をなしているかを、布置連関（constellation）といいます。これはとても大切なことで、キーワードにピンときたとして、それらを構造化してつなげていく必要があります。矢印などを使って他の要因や他の言葉とつなげていって、その関係をみるというのが構造的にみるということになります。

その時に二つというのはやりやすいんです。これが三つ以上になっちゃうと複雑でやりにくい。二つだと、二つを基準に布置連関を考えていくと構造化しやすいんです。さっきのホストとゲストもそうだし、authenticity とショー化（疑似イベント）もそうだし、こういうペアでとらえていくと、あとで自分の考えを構成していくときにやりやすいんです。ペアには関係性が反対のものや、ホストとゲストのように反対ではないけど立場の違うものがあるから、そうやってキーワードを構成する言葉がどういう関係にあるかを見るとき、ペアは目の付け所としてはよいでしょう。逆にいうとペアじゃないひとつの言葉が出てきたときに自分でその言葉の相手となるペアをみつけるという手もあります。

**学生**　なるほど。

**先生**　自分が調べている文献探索の中では出てこなかったかもしれないけど、ペアになる言葉を想像することでそれもまたキーワードになる。

いままでの話を意識しておくと、調べる過程で自分の問題関心がもう一段階明らかになることもあるし、構造化の手助けにもなるでしょう。すぐにはできなくても、キーワードの布置連関をとってみる。ノートをとるときにキーワードを並べてみて、マッピングするのがよいでしょう。

## †様々な布置連関

**学生**　キーワードの布置連関をとる時に、ペア以外でどんな関係性が考えられるんでしょうか？

**先生**　たとえば、キーワードが三つ以上だと難しくなってしまうけど、それこそトリレンマの関係にないか考えることもできますね。また、キーワードが二つでも三つでも使えるのが時間軸で整理する方法です。それと時間軸と重なることが多いですが、因果関係で整理することもできます。それからレトリカルな、論理学的ないくつかのメタファー、「たとえ」みたいなものとして整理することだってありますね。それも直喩なのか隠喩なのかという分け方もできます。さきほども言いましたが、キーワードがひとつ見つかった時にその相棒を見つけるというのもできますね。

キーワードにピンときた感じがしたら、そのキーワードが自分の関心とどこか刺激しあっているからピンとくるものなので、その関心がなにものなのか言語化するのがよいでしょう。その言語化するときにキーワードがどういう関係にあるか、それを捉えることができると、そこに関係性がみえてくるんです。

私が学生にいつも「抽象的だったら具体例をあげてごらん、一個だけでなくて複数」と言っています。しかも違う分野のものをあげてもらい、その概念があてはまりそうな別の言葉を探してもらうこともあります。キーワードが具体的だったらそれと同じようなことをあげてもらったうえで、そこに共通する性質をあげてもらっていますね。

## †対になる言葉を探し出す

**先生**　話が少しリサーチ・クエスチョンからそれてしまいましたので、話を戻して、この間文献を調べて考えたことの続きをお願いします。

**学生**　ひとまず観光の人類学の分野はこんな感じだなと思い、今度は違う分野で調べました。そのなかで質的心理学という分野が出てきて、「語り部活動における語り手と聞き手の対話的関係について」という研究をみつけました。自分のスコープのなかに心理学がなかったのでこれまで見つけられなかったけど、質的な心理学という方法でも語り部について研究していることを知りました。

**先生** ここでも聞き手と語り手という先ほどのホストとゲストに似ているような対が出てきたんですね。

**学生** そうです。あとは前回のチュートリアルのなかで「当事者」という言葉がでてきたのを思い出し、自分が当事者だと認識していないと語り部にはなれないのかなと思っていたので、これをキーワードにして検索したところ、「当事者」という言葉と「語り」という言葉がセットで使われていることが多いということに気づきました。このセットも面白いなと思いました。

また、当事者の研究については、ジェンダー研究、セクシュアリティ研究のものや障害者などのマイノリティの人たちの研究がとても多かったです。たとえば、「正当な当事者とは誰か」という研究もありました。これはいわゆる語り部ではないけど、自分の身に起きていることを語るという意味では、語り部と重なるところもあるんだなとメモしておきました。

**先生** つまり、「語り」という動詞でくくれる現象と「語り部」という人にかかわるものとは区別できたわけですね。

**学生**　そうです。「語り」だと離れすぎていると感じたので、ここでまた調べるのを止めました。

**先生**　でもここでも「正当な」当事者という、当事者に形容詞がついているんだけど、これは先の authenticity の問題とつながってきますよね。

**学生**　はい。エセ当事者じゃなくて、「正当な当事者」であることが大事になるという見方があるんだなと。

**先生**　それがマイノリティなどの問題に多いことがひとつの特徴をもっていますね。

### †調べる先は研究だけとは限らない

**学生**　ここでCiNiiから少し離れて、前にNHKの特集で、アウシュビッツの体験を語る人がどんどん高齢化して亡くなっていく中で、生きている人たちの記憶をロボットに覚えさせて、人工知能に語り部を引き継がせるという番組をやっていたことを思い出しました。いまやロボットも語り部になりうるのかとメモに書き加えました。語り部というと人のことだと考えていたけど、これからの時代、人工知能などが導入されるとしたら、語り部とは何を指すのかが疑問として浮かんできました。

**先生**　確かに亡くなった人でもその声を残すことはできるよね。それも録音じゃなくても文字でもいいわけですよ。自分たちの体験を後世の人に伝えるには、録音とか文章という手段もありますよね。それとロボット・人工知能との違いはなんでしょうか？

**学生**　この取り組みでは、ロボットが語りの内容をしっかり分析していて、聞き手が質問もできるんですよ。ここに特徴があります。質問に対して、ロボットが記憶しているデータのなかから質問にちょうどよい回答を生成して答えます。だから、ロボットも対話しうる関係なんです。文章や録音だと対話できないので、対話ロボットを目指してつくっているそうです。そうすると私の関心でもある face-to-face というところにもつながるのではと思いました。

**先生**　いまの話に関連して、語る内容自体が authentic であるかどうかと、語る人が authentic であるかは同じでしょうか？

**学生**　なにか別な感じはしますね。

**先生**　そうですね。正当な当事者という考え方は、当事者その人自身が語る資格を持っているということですよね。当然その人はそのこと自身を体験しているわけだから。では、そこに誇張やなんらかのバイアスが入っていても正当な語りになるんでしょうか？　また、人工知能の場合、情報自体はアウシュビッツを体験した人たちの記憶がもとになっているのでそこに嘘はありません。でも、人工知能が対話するときに人びとの記憶を合成をしているわけだよね。人間がやってもロボットがやっても合成するという意味では、同じなのか違うのか。

**学生**　確かにそういった視点もありますね。

**先生**　本当に生きている人が話すわけではないからオーセンティックには見えないけど、フィクションではない。そういう中間的なものは面白そうですね。

**学生**　私が衝撃を受けたのは、人工知能が編集して回答するという点ですね。これなら人工知能も語り部になりうるんです。

**先生**　いまいってくれた「編集」というのは、人工知能に限らず人もやりますよね。語り部の文脈では、どんな順番で話すかで印象はちがってきますし、それによる効果も違う。そういう意味では編集というのは実は重要なキーワードだよね。編集の反対のキーワードはなんだと思う？

**学生**　雑然というか、自然ですか。

**先生**　そう、言ってみれば「生」ですよね。実はこれこそが最大の語りかもしれませんね。起きたことをすぐ語っているほうが伝える力がありますよね。整理されていない生の声と、整理された語り部の話とでは受け取るものが何か違いますよね。生の語りは、ショー化とは違うけど、逆にドラマチックかもしれませんよね。語り部は二次的に起きる現象ですけど、語りそのものは直接的なものがあるんだよね。その間の違いは人工知能の話を挟むと面白いかもしれないですね。

ニュースは生の声を出しますよね。それに対して、時間をおいて間接的になった語りとはどう違うんだろうね、狙っている効果も違うんでしょうか？

**学生** ニュースは情報伝達だけど、語り部はそれだけでなく深いところを求めていそうな気がしますね。

**先生** そこは違ってきますよね。

### †問題関心が埋まっている現場を探す

**学生** この間の調べたことに話を戻すと面白いと思ったものとして、3・11の震災復興を支援する、いわきの復興支援観光案内所というウェブサイトがあって、その中に「震災語り部募集中」というページがありました。震災語り部の人のスタディツアーもそこに載っていました。

**先生** それは誰でも応募できるってことですか。

**学生** こういう人じゃないといけませんというのは書いてなかったので、たぶん大丈夫だとは思うんですが。具体的に資格を問うてないわけなんです。応募して語り部になろうという人がいて、また復興支援の人たちはこういう語り部に来てほしいという語り部像があるんだろうなと想像して、これは具体的にリサーチする対象として面白そうだなと感じました。

**先生**　いままで文献を探索して議論してきたことを踏まえると、この募集された語り部という現象はどんなキーワードで特徴を述べることができますか？　当事者であるかどうか、authentic か疑似かとか、語りなのか語り部なのか、というこれまで議論してきたことを踏まえて、この現象を特徴づけるとどうなりますか？

**学生**　いまはまだ語り部ではない人を語り部にしようとしている、という現象が起きているのだと思います。このサイトを見ている人はまだホストでもゲストでもない人。自分には語れるものがある、語り部ではなくても語りはもっている人だとは思うんですよ。

**先生**　でもやりたい人が震災の経験をしているかどうかわからないんですよね。

**学生**　一応、震災語り部募集中なので、実際の経験を持っている人を期待しているのだと思います。「たとえば原発事故とか地震津波のこととかその経験を語りませんか」というようなことが書いてあったと思うので。

**先生**　語る内容をもっているということは、authentic であるということですね。

**学生**　運営側はそれを期待しているのだと思います。もちろん応募する人が何を語るか、運営側と応募する側には多少ズレがあると思いますが。ズレがあったとしてもそれはそれで面白いと思うんですよ。

**先生**　そのズレについてもう少し話してもらえますか。

**学生**　募集中のサイトをみて応募する人はなんらかの被災に関わる経験をもっているけど、その内容は運営側にはわからないからズレが生まれるんだと思います。どういう人に集まってほしいとは出てないので。

**先生**　震災に少しでもかかわった人ならOKと。

**学生**　そうですね。応募した人のバックグラウンドは本人にしかわからない。その人がこれなら語りたいと思うものがあるとするなら、その人の語りたいものと復興支援の団体が求めているものの間にはズレがある。

**先生**　期待する側のXと、語る人が語り部になれるかもしれないと思っているYには違いがある。これがズレのことね。もちろん、そこにズレがないかもしれませんけど。

**学生**　やりたい人は連絡くださいとしか書いていないので、連絡した後どうなるかはわかりません。運営側はスタディツアーで、こんなふうに語ってくださいとある程度は教えるとは思うんですけど。そこで語り部にしていくんですよね。

**先生**　語り部にしていく。

**学生**　応募して採用されただけでは語り部にはなっていなくて、本当に人の前に立って活動するまでのあいだになにかあるはずです。そこが普通の人が見えない部分なので、そこを明らかにしたら面白そうだなと感じました。

**先生**　このサイトをみつけたことで、語り部が語るという何段階か前の現象を見つけたわけですね。これまでのように語り部がすでにいることを前提にして研究をしていくのとは違って、語り部になる前の段階の現象をみつけたことで、研究としてなにかできそうだと思ったわけね。でも、そこには飛躍があるわけじゃないですか。石澤さんは最初は語り部がすでにいることを前提に語り部に関心をもっていたけど、それがこうやって語り部になるという一つ手前の現象を知ることで、そこにより関心をもつようになった理由をもう少し言葉にしてもらえますか。

**学生**　語り部に応募した人が、ホストでもゲストでもない点が面白そうだというのが最初のとっかかりです。そのペアのどちらにもなっていないとはどういうことなのかとちょっと不思議に思ったんです。ペアの概念にあてはまらないモヤモヤした段階を見ながら、ホストとゲストだったり、authentic と疑似だったり、別のペアの概念で見ていくと、それらの概念がどう語り部になっていく人にかかわっていくのか、そのプロセスが見えるような気がしたんです。

先生　未分化な状態ということは両方が重なり合っているわけです。それがはっきりと分化することで、どちらか一方になっていくプロセスを見ていくことができる、それが面白いと思ったんですね。

学生　はい、そうです。

## †さらに問いを掘り下げる

先生　では、この未分化な状態をもう少し掘り下げていくために、先ほど調べてもらった当事者という言葉の対になる言葉はなんだと思いますか？

学生　熟語ではないけど、関係していない人とか外部者ですかね……。

先生　大きいものとしては外部者だよね。でも外部者にも違いがありますよね。どんなタイプの外部者がいますか？

学生　間接的な当事者の人とか、あるいはまったく無関係な人。

先生　野次馬、傍観者もいますよね。こういう人はゲストかね？

学生　いわゆるゲストとホストの話にはならないですね。

先生　それから敵対する人もいますよね。この人は別の意味で当事者だよね。そうすると当事者という言葉から対を探した時に、さきほどの語り部募集中に応募する人を当事者の概念を使って切り取ろうとしたらどういうことができそうですか。

**学生**　当事者の中にもグラデーションがあって、当事者としての程度の差がありそうですね。たとえば、地震にはあったけど津波の被害にあわなかった人とか、津波で流されたけど家族は助かった人とか、自分だけが生き残った人とか、被害の大きさでも違うと思います。

**先生**　その場合、被害の大きさというのがひとつの物差しですよね。

**学生**　当事者といってもただ被害を受けて救助された側ではなくて、他の人を救助した側の人、市役所職員さんで市民を救った側の人もいます。自衛隊とか、被災者とは違った形の当事者もいますね。

**先生**　当事者の中にも種別があるんだよね。そこにグラデーションがある。ここにもまだ未分化な状態があるといえますね。

**学生**　そうですね。それに加えて、ゲストが何を聞きたいかという問題もあると思います。ゲストが、ある人たちを救ったことについての話を聞きたいと思えば、家が流された話はあんまり関心がないかもしれない。ゲストの期待によってどの語りを聞きたいかの違いはあると思います。

**先生**　応募する人と運営する側からいえば、運営する側にとってゲストの期待はどう位置づけられるんだろうね。

**学生**　運営する側にとってはこういう人の語りも聞けますよというアピールにはなると思いますね。

**先生**　今の話だけで、語り部を選考するプロセスにも関係しますよね。これで未分化な状態からゲストの視点に結びつけて関係させることができたわけだよね。それは聞き手が何を期待しているのかということの運営側の意図と関係してくるよね。こういう応用も効きますよね。

## †具体的なリサーチ・クエスチョンにするために

**先生**　それでは、この震災語り部募集中について関心があるとして、これは研究になりますか？

**学生**　なりうると思うし、実際にリサーチできるんじゃないかと思います。

**先生**　震災語り部になるということに注目して、リサーチにするとしたら、どんなリサーチ・クエスチョンができると思いますか。より具体的なところに下りて行って、すでに存在している語り部という現象への関心から、その一つ手前の、語り部になるという現象に関心が移ったわけですよね。そうするとリサーチの中身も変わってくると思うんだけど。リサーチ・クエスチョンとしてはどんなことが考えられると思いますか？

**学生** たとえば、語り部になる人は、なにをもって自分が語り部になれると思ったのか？語り部として自分の何に資格があると思ったのか？　とかでしょうか。

**先生** それは応募する段階でしょうか。

**学生** そうです。あと、応募者はどのように語り部になっていくのか、これが一番面白そうな気がします。

**先生** どのようになっていくのかというのは、まだちょっと抽象的なんですよね。ここをもう少しブレイクダウンしたいですね。

**学生** 自分の経験を人に聞かせるための語りに作り替えて、編集していくかと思うんですけど、自分の経験を語りにするまでのプロセスが語り部になるプロセスのひとつだとは思うんです。

**先生** 友達、あるいは親戚や知り合いに経験を話すことはあったけど、それを語りとして他の人にもっぱら語ることで、語る中身自体がどうやって編集されていくのかということですね。これはひとつのテーマになりますね。

**学生** あとはさきほども少し話に出ましたが、募集している復興支援の人たちが期待するものと、応募する人たちが期待するものとはズレがあるのか、ズレているとしたらどんなズレなのかですね。

**先生**　応募者が何を根拠に資格として考えているのか。語り部として採択する側がなにを期待しているのか。そこにズレがあるかもしれないし、そもそも何を資格としているかということもあるよね。応募する側と採用する側のズレといったけど、一致していてもいいし、その中身というかコンテンツがあるよね。これはクエスチョンになりますね。

**学生**　あと多少離れますが、複数の語り部がいたら、その人間関係はどうなっているのか、それこそあの人はオーセンティックだ、あの人はエセだとか、そういうものがあるのかも気になりますね。語り部どうしの評価があるんだとしたら、面白いと思います。

**先生**　その評価に注目して、お互いにどんなふうに思っているのかは面白いけど、それをリサーチするとしたらどんな意味をもっているのか？

**学生**　たとえば、評価としてオーセンティシティをとるのか、たとえば経験の悲惨さがそういうものになるのか、語り部同士ならではの見方があるのではないかと思ったんです。平凡な語りよりはドラマチックな語りのほうがよいと思われるのか、あるいはしゃべり上手のほうがいいのか。お互いのまなざしから理想の語り部ってこうだよねというのが見えてくるんじゃないかと思います。

**先生**　ここでもオーセンティックが出てきますね。オーセンティックに比べて、ドラマチックというのはショー化のほうになるんでしょうか。つまり、いくつかのキーワードで切り取ろうとしたとき、話す内容とか話し方とかをめぐるお互いの評価のなかに、オーセンティックやショー化が含まれている。それはさきほどの語りを編集していくということも含まれていますよね。応募する側と採択する側のズレのなかにもその人たちの経験をどう語れるのか、それについても軸があるよね。

## †問いはかならずしも固定しなくてもいい

**先生**　とりあえずいま、四つくらいのクエスチョンが出てきました。それらを一段階抽象化した言葉で問いを言い換えて、この四つに共通するクエスチョンはなんだと思いますか？　どこかで重なり合いがありそうじゃないですか？

**学生**　正当なとか、オーセンティックなものになっていくということが、コアにはあるんじゃないかと思います。先に出たように、評価のときにはオーセンティックかドラマチックかという点はありますが、語り部になっていくときにはオーセンティックな語り部になっていく必要がありそうなんで。

**先生**　これをうまく言葉にできませんか？　これをクエスチョンにしてください。

**学生**　「なにを根拠に本物の、正当な語り部になっていくのか?」という感じでしょうか。

**先生**　「なにを根拠に」よりも「いかにして正当な語り部になっていくのか」がよいでしょう。これはいろんな切り口があります。人が認めるかどうかもあるし、自分が自分を認める点もある。

でも「正当な」という形容詞は「真正な」になるのか、逆に「疑似的」になるのか、この部分は変えてもいいと思います。「○○な語り部にどのようにしてなっていくのか」、そういうリサーチだよね。○○は一つの言葉では決まらない。いまいったようにいくつかに分けられるのは明らかですよね。

**学生**　そうですね。

**先生**　あと、このクエスチョンはhow なんですよね。だけど、当然「どのように」のなかに、原因と結果もはいってくるし、お互いの承認もあるし、何を真正とみなすかもはいっている。これは研究できそうですか。

**学生**　実際にはいっていけばできるんじゃないかと思います。

**先生**　すでに語り部として成立しているものじゃないところに目がいったのは新しい展開だったので、面白いですね。そのことによってペアの概念のはっきりとわかれている状態ではなくて、それが重なっていて、両方がみえる段階を現象として見つけたってことですよね。それでこの問いが成立したんだよね。

### †「問い」を振り返る

**先生**　問いが成立したところで、具体的なリサーチや理論の話の前に今回調べてもらうなかで、自分の中で、キーワードを使いこなすことはある程度できた気がしますか。

**学生**　要所要所で自分が取り上げたものを思い出しながら、そのキーワードはいまの段階だとどう当てはまるかは考えることができたと思います。

**先生**　日常的に自分のリサーチ・クエスチョンになりそうな現象や対象をある程度念頭に置きながら、その現象のまわりに特徴づけて言い換えるときにキーワードが役に立つんですよ。

今日の重要なポイントは、布置連関という難しい言葉を使いましたが、キーワードがお互いにどういう関係にあって、その中心にある自分の関心とキーワードがどういう関係にあるのかを意識する。そうすると、さらに考え方を発展させることができるでしょう。またそこから新しい対を考えてキーワードを付け加えることができる。もちろんこんなことをやるとキーワードがたくさんになっちゃうから、そのなかでピンとくるものとこないものにわけて、ピンときたときにどうしてピンときたのかを言葉にする。単に「面白そう」

で思考を止めないで、どんな「面白そう」につながりそうかをもう一段階キーワード自体を展開すると具体的な問いにつながってきます。キーワード間の布置連関をいかにうまく使いこなすかを経験・学習しながら自分のリサーチ・クエスチョンを言葉にしていくプロセスをとるといいと思うんですよ。

**学生** さっき、リサーチ・クエスチョンを固めていくとき、「正当な」などの形容詞を確定しなくてもいいと話していましたが、それはなぜですか？

**先生** それについては質問に質問で返すことになりますが、ここを決めておかない利点はなんだと思いますか？

**学生** えーと、いまここで決めてしまうのはよくないということですよね。感覚的にはここに入る言葉は私が決める言葉ではないような気がしますね。だから、インタビューする中でここにはいるちょうどよい言葉が出てくればいいなと思いますね。

**先生** そうですね。問いが出てきたところでこれでいいぞと油断しないで、ブレイクダウンしてくださいと言いました。最初は、問いを固定しないである程度自由度をもたせていたほうが関連する文献が出てくる可能性が高いし、あと実際に調査を始めてインタビューするときも柔軟に対応できます。こういうことは前にもいいましたが「仮決め」です。

## †どうリサーチして、どう研究成果を使いこなすか

**先生**　リサーチ・クエスチョンは固まったので、実際にリサーチするとしたらどんなアプローチができるか、どんな文献や研究をどう使っていくかを最後に議論していきたいと思います。

**学生**　アプローチとしては、募集している人の話を聞きにいく、アンケートというよりはインタビューをしてみる、現場にいってみて応募している人のオーディションがあるのか、選考のプロセスを聞いたり、見学させてもらうことはできるかと思います。あとは応募した人に目を向けて、実際に人の前で語るようになるまで、あるいは熟練していくまでを追って調査する。いろいろなプロセスを一緒にみていくというのもできると思います。

**先生**　それはそこの場にいないといけないですね。その際の経済的な負担の問題はありますね。

**学生**　そうですね。あとどのくらい時間をかけられるのかもありますね。

**先生**　時間がかけられるなら、ボランティアとして参加して参与観察するということもできますよね。

**学生**　また、私は東日本大震災の時はちょうど都内の大学にいて、本を読んでいたところ

でした。地震が起きて、学内にいた人は皆、学食に集まり避難をしました。電車が止まってしまったので帰れなかった人も多かったのですが、私は歩いて下宿先のアパートに帰ったんです。家が壊れたわけでも、避難所で過ごしたわけでもないですが、ある意味、これも東日本大震災に関わる経験と言えるかもしれません。すると私の経験も語りになりうるかもしれないので、私自身が応募することもできるかもしれません。選考で落ちたとしても、それもデータになると思います。

**先生**　そうですね。では、いままで文献をみてきたなかで、どんな文献を読んでいくのがよいと思いますか？

**学生**　やはり、何々になるということについては語り部じゃなくてもいくらでもあり得ることなので、なになにをいろいろ埋めてみて研究を探すことは可能だと思います。たとえばなにかの職業につくための養成学校についての研究もあると思います。

**先生**　社会学だと社会化（socialization）の研究はあります。また、役割を取得するわけだから、役割理論みたいな研究も使えそうですね。あと、資格とか、選考のプロセスの話が出たけど、これはその人がどう社会化するのかというのとは別のメカニズムだよね。そういうところもなにか研究としてありそうですか？

**学生**　資格についてはジェンダー研究の当事者研究の理論は応用できるかと思います。それに選考するのは、就職をするときも同じなので、就職についての社会学とか、経営学でも先行研究があると思います。

**先生**　あとは前にもいったけど、問題を告発するという点では社会運動論があって、そこで人がどうやって社会運動家になるかとか、人をリクルートするとか、どういう人がなるのかという点もありますよね。他に想像がつく分野がありますか？

**学生**　選考の次のプロセスとして教育がありますね。ただなりたい人がなっていくわけじゃなくて、運営側からこうするといいですよとか、こうしなさいというのが出てくるわけですから。

**先生**　ここで今日のおさらいのようになりますが、教育のペアになる言葉はなにかわかりますか？

**学生**　学習ですか。

**先生**　そう、学ぶ側のプロセスもあるよね。いろんな経験の学習についての研究も存在しています。正統的周辺参加論という人類学者がやっている議論がありますが、これは、人が学ぶということは、実はある共同体に周辺から参加して、だんだんと経験を積むことによって、共同体の中心に参加していくプロセスそれこそが学習だというものです。この理論はこのテーマに直接重なってくると思います。

こういう手がかりを得たうえで、現時点では、抽象的な言葉もはいっているし、理論的な言葉もはいっているけど、それを具体的な、より実証的な研究の中で、このリサーチに対して、今度は手がかりになる抽象度の異なるさまざまなキーワードが出てくると思います。そういうことを整理するために、この研究をどういうものにしていったらいいかを考えていくために具体的なステップ（段取り）を考えていく必要がある。

文献を読んだり、実際にコンタクトをはじめてもいいかもしれない。それを同時に進めながら、大きなリサーチ・クエスチョンが立ったわけだから今度は読んだ知識を使ってより学問的な言葉にしていくとか、そこで学んだ理論を使うとどう見えてくるのかとか、文献による知識をどういうふうに使えそうか想像しながら、やっていく。こういう質的な研究は、こういったことと同時進行でできるから対象にアプローチしながらやっていく。調べながら一般的に捉えることができたリサーチクエスチョンを掘り下げて特定化していくと、もう一度これまでとは違う新しい表現ができるかもしれません。

**学生**　わかりました。これまでの文献も使えそうなので、これで進めそうです。

# 学習レポート——チュートリアルを振り返って

石澤麻子

先生とのチュートリアルのセッションが終わって数カ月が過ぎた。時間を開けることで、セッション中よりも冷静に振り返ることができそうだ。何しろ、チュートリアルは先生と一対一の対話で成り立っていてその時学生としては、とにかく先生からの問いかけに応じて話の展開スピードに付いていくことに必死だ。例えば、本を読んでいるときは、分からないことが出てきても、文献を読み直したり、調べたり、あるいは疑問をとりあえずメモしておいたりと、自分のペースで学習ができる。複数人の学生が参加するクラスやレクチャーならば、ひとまず自分は黙って周りの人の話を聞いてみたり、ノートを読み返したりする余地もある。しかし、チュートリアルは、個別指導であるために、自分が黙ってしまえばセッション自体が止まってしまう。学生としては、プレッシャーが大きい。もちろん自分なりに準備をして臨んではいるが、先生から投げかけられる問いは、時に予想外なものが続く。ここで正直に告白すると、セッション中には「分かりました」と言った箇所についても、後になってモヤモヤと、疑問が湧いてきたり、「結局どういうことだっけ?」

と分からなくなってしまったりすることも多いものだ。

ここでは「学習レポート」として、一通りのセッションを終えていくらか冷静になった私が、今回のチュートリアルを通して何を学んだかということを振り返る。加えて、セッション中にどんなことを実は考えていたかという裏話や、今でも疑問が残っていることや課題についても書いてみようと思う。

また、私は二〇一二年から一年間、オックスフォード大学の修士課程に入り、実際に大学院生としてスーパービジョンも受けていた。このレポートでは、その時の経験も踏まえながら、学生の立場から「チュートリアル（スーパービジョン）」という指導法についての少し俯瞰的な視点も最後に付け加えようと思う。

## †第Ⅰ部

第Ⅰ部のチュートリアルでは、大きく三つのポイントを学んだ。①与えられた問いとの向き合い方、②文献から集めたものを論理的に繋げるということ、③理論を生かして論を進める、の三つだ。

①与えられた問いとの向き合い方というのは、端的にいえば問いの「ブレイクダウン」だ。エッセイ・クエスチョンとして与えられた問いは、とても抽象的で、そのままでは答

えようがない。だから、問いを解釈し、ブレイクダウンして、どうすればこの問いに答えられるかをまずは考えなくてはならないのだ。

②文献から集めたものを論理的に繋げるというのは、①で問いをしっかり具体的にブレイクダウンしてこそできるようになることだ。文献から集められる情報は、具体的な事例も多く含まれる。その具体的な情報は、そのまま並べるだけでは抽象的な問いに答えたことにはならない。自分なりの問いの解釈を念頭に置きながら、論理的に情報を扱うことが、エッセイを書く上では欠かせない。

最後の③理論を生かして論を進めるというのは、本書のセッションで言えばラバレーによる教育の目標のトリレンマの理論を使ってエッセイを組み立てるということだ。文献の中で、使えそうな理論を見つけたら、その理論を理解して、他の文献の情報も効果的に織り交ぜてエッセイを組み立てていくことが重要だ。

さて、一回目のチュートリアルセッションの時、私はラバレーの理論をどう理解していたかをここで告白しよう。セッションの中では、こんなやりとりがあった（五一頁）。

**先生**　それじゃあ次に行きます。いよいよここから議論が始まります。まず中澤渉さんの

『なぜ日本の公教育費は少ないのか――教育の公的役割を問いなおす』（勁草書房、二〇一四年）にあるアメリカの歴史社会学者、デヴィッド・ラバレーの議論が紹介されている。学校教育の目標は「民主的平等」「社会的効率性」「社会移動」の三つに分類される。この三つがこのエッセイの具体的な議論となるわけですが、これを使おうと思った理由は何ですか？

**学生**　学校教育の目標とはそもそも、社会が教育に求めるものを還元したものであると読み取りました。社会とは基本的に、こういうことを教育には抽象的に求めている。それを大きく分けるとこの三つである。具体的な英語力とかではない、社会が求めているものをすっきりまとめていると思ったからです。

**先生**　（中略）この三つが同時には並び立たないということを、エッセイを書いていく時にどれぐらい意識したの？

**学生**　意識という面ではずっと意識はしていました。中澤さんあるいはラバレーが書いたようにこれらは並び立たないけれども、社会の発展の段階によって重点が変わる。あるいは三つのうちのどれが大事になるのかが変わる。その三つが成り立ってないから日本の社会は不平等だという考え方じゃなくて、日本の社会の発展の段階として今、これを求めるはずの段階なのではないか。そういうことを意識して書きました。

最初のエッセイを書いた時、あるいはこの一日目のセッションの時、私はラバレーの理論をエッセイの軸にしようと明確に思っていたわけではなかった。エッセイ・クエスチョンに答えるにあたって、具体的なデータを提供する文献が多い中で、『なぜ日本の公教育費は少ないのか』が最も抽象度の高い文献だと感じていた。特に、そこで紹介されたラバレーの挙げた三つの教育の目標は、エッセイ・クエスチョンのキーワードにも近い感じがするし、「変化」を描くのにも使えそうだ。他の文献の情報をみると、確かにラバレーの言う「社会移動」などの目標が感じられる。これは大事に違いない。そう思っていた。しかし、「民主的平等」「社会的効率性」「社会移動」の三つの概念を本当に理解できていたわけではなかった。特に「社会的効率性」はいまいち理解ができず、だから他の文献を読んでも、ここに当てはまっている現象が何かがピンときていなかった。

今思えば、三つの概念をもっと一つ一つ調べて理解して取り組めばよかった。しかし、そもそもラバレーの理論をエッセイの軸とすることを明確に意識していなかったために、中澤の著書の中で紹介されている内容だけを頼りにエッセイを進めていった。中澤は「社会的効率性」を「納税者としての側面」、「二つ目（社会的効率性 ※石澤注）は、労働者として社会に役立つ人間を育成すべきだということにあたる」（中澤 四三頁）と説明している。「納税者」、「労働者」といったキーワードが並ぶ「社会的効率性」という言葉は、私の中で同じ環境で一斉に授業を受けること（教育にかけるコストの問題）とつながらなかった（本書の議論五九頁）。つまり、三つの概念を自分の中で抽象化して、他の文献で見つけた事象に応用するほどの理解はできていなかったということだ。だから、「なんとなく当てはまるところ」だけを使って書いたのが、最初のエッセイだ。「ラバレーの三つの目標に重なりそうなデータがあったら、メモしておこう」。その程度の意識をしながら、私は文献を読み進めていた。私は、適切に読めていなかったのだ。

ここでラバレーからは離れて、改めて「読む」ということについて考え直したい。今回私は、はじめにエッセイ・クエスチョンとリーディングリストが渡された。リーディングリストの文献を全て合わせれば、ページ数はかなり多い。最初のページから最後のページまで、漫然と読んでいては時間がかかり、準備は間に合わない。だから、目的意識を持って文献を読む必要が出てくる。最初はバックグラウンドを知るために「全体を眺めるように読む」ことも必要だが、エッセイを書くためには、「知りたい情報を探すように読む」ことが不可欠だ。自分に都合の良い箇所しか読まないのは問題だが、自分が書きたいことに関係が薄そうなところはパラパラめくりながら読み、関係がありそうなところを見つけたら、そこをじっくり読む。特に今回は、答えるべきエッセイ・クエスチョンがある。自分でクエスチョンを読み込み、解釈をしてブレイクダウンできていれば、文献を読むにあたっても、自分のアンテナが、クエスチョンに関係のありそうな情報をキャッチしてくれる。そうやって、クエスチョンをヒントに読むのがポイントになった。

しかし、「読む」といっても、文献は内容を理解するためだけにあるのではない。高校までの勉強では、私たちは文章を読む時、基本的には「内容を理解できているか」という視点で常に指導されてきたし、評価されてきた。ところが大学に入れば、学生は、たくさん与えられる文献から、文章を書く上での型を取り出すことも期待されている。しかも、そのことは、誰も明示してくれないことがほとんどだ。大学に入れば、先生たちはとにかくたくさんの文献を課題に出す。学生は、その大量の文献を読む中で文章としてのパターンを掬い上げ、学び取れるだろうと先生たちは期待しているのだ。さらに、型といっても、複数の異なるレイヤーがある。「イントロダクションがあって、先行研究批判があって……」といった全体の構成の型や、論理の展開のさせ方、レファレンスの書き方まで、さまざまなレベルの型を読み取り、それを自分が今度エッセイなどを書くときに応用できるようになることが求められている。

このことについて、苅谷先生とも議論をしてみた。すると分かったのは、日本語と英語の違いだ。英語のアカデミックライティングでは、日本語のものよりもよりはっきりと文章のスタイルが決まっている。だから、学生も型を読み取りやすい。一方で、日本語の論文などは、その型が曖昧だ。それは、英語と日本語という言語の差でもあり、論文の書き方の差でもあるそうだ。

私は大学院でオックスフォード大学に行く前は日本の国際基督教大学で学んでいたが、卒業論文は英語で書いた。なんとか論文を提出した後で、研究に協力してくれた日本人の方にも読んでもらえるように論文を和訳してみようとしたところ、かなり苦戦したのを覚えている。自分が行った研究なのだし、内容も構成も理解しているはずなのに、英語の論文を手元に置きながら日本語の文章を書こうとすると、どうしてもぎこちなく、不自然な文章になっていく。もともと英語で書くことを想定して構成され、書かれた論文は、英語の論文の型を応用したものだった。だから、日本語らしい話の進め方には合わせにくいものになっていたのだ。

日本語には日本語の、そして学問分野ごとに、論文の型がある。自分がどんなところから型を取り出し、使うのが良いのかを決めるのも、大事なテクニックなのだろう。

第Ⅱ部のチュートリアルからの学びも、三つのポイントでまとめてみよう。①初発の問いの言い換えを繰り返して疑問を広げること、②考えついた問いを吟味すること、③情報を集めて問いを具体化することの三つだ。

①初発の問いの言い換えを繰り返して疑問を広げるというのは、自分が思い浮かべたテーマや問いを、まずは様々な土俵に置き換えてみるなどして、関心のあるテーマを多面的に見られるようにすることだ。はじめは無意識に固まった見方をしていたものも、土俵を変えてみたり、言葉を広げたりすることでテーマは違う見え方がしてくる。自分の研究テーマを決めるときには、まずは様々な視点に立って考えることが重要だ。

②考えた問いを吟味するというのは、①で考えたテーマや問いを俯瞰して見て、当たり前の問いになっていないかといった視点で確認し、どんな方法や理論を使って研究できそうかを考えてみることだ。文法的に疑問文になっていても、それが研究として成り立つものになっているかは別問題だ。自分の問いが研究するのにふさわしいものなのか、しっかりと突き詰めて考えたい。

③情報を集めて問いを具体化するというのは、実際に既存の文献などに当たって、自分

が関心を持ったテーマについてどのような研究がされているのかを知り、それを元に、さらに自分の問いを具体化していくことだ。自分のテーマがその時点でどのような分野で、どのような方法で研究されているかを知ることで、自分の研究の立ち位置をイメージすることができる。

今回行ったチュートリアルでは、はじめはバラバラな三つのテーマを提出したが、最終的には「語り部」のテーマについて突き詰めることにした。特に、「男性の育児休暇」については、「優等生が思いつきそうな」問いということもあり、一番やめたいと思ったテーマだということは、チュートリアルの中でも話題になった。「スーパー研究者」になって全ての要因を調査できたとして、そこから何が言えそうか。告白すると、ここで先生が何を私に伝えたかったのか、何が分かればよかったのかが、本当には分かっていなかった（二五六頁）。ただ、迷路や沼にはまっていくような感触が怖くなり、これ以上深みに嵌ると大変なことになりそうだ、と逃げたくなったのが正直な心境だ。

チュートリアルの最中では深掘りを避けてしまったが、本当に「優等生的な問い」は研究としての価値がないのだろうか。男性の育児休暇のテーマについて諦めないとしたら、どうしていただろうか。そんな疑問が、モヤモヤと頭に残り続けている。確かに、「なぜ育児休暇を取得する男性は増えないか？」という問いは、凡庸なものかもしれない。面白くないかもしれない。でも、そもそも研究に面白さは必要なのだろうか。研究とは面白いためにやっているものなのだろうか。

この疑問に、明確に答えることは難しい。確かに、つまらない問いを追求したところで何にもならないという見方も正しいと感じるからだ。そして、「面白い」「つまらない」という言葉を使うと分かりにくくなるが、例えば「新規性があるかどうか」という言葉に言い換えてみると、考えやすくなる。すでに研究し尽くされ、議論し尽くされているテーマは「つまらない」し、まだ誰も研究していないテーマなら「面白い」と思う人は多いだろう。やはり、すでに研究され尽くされているテーマならば、一人の学生が取り組む研究としてはその中から新規性のある問いにたどり着くことが難しいのは想像に難くない。

ただし、大学で学生が取り組む研究に限らないならば、優等生的な、社会問題を取り上げたような研究に価値がないとは言えないのではないか。実際にそこに社会問題があるならば、それを真正面に捉えて研究をする人がいないのは、社会としても困る。しかし、大学生や大学院生が、一年や二年という限られた時間、限られたリソースの中で取り組むには、このような問いは勿体ないということなのかもしれない。確かに、テーマそのものにオリジナリティがあって、他の研究が少ないものの方が、学生にはとっかかりやすいし、向いているということなのかもしれない。

また、自分が、自分の研究を面白いと思っているかどうかは、モチベーションにも大きく関わる。私は学部生の頃、日本の掃除の文化について卒業論文を書いたが、それは私にとって本当に面白い疑問だったため、インタビューなどの調査もかなり積極的に進めることができた。私が本気で面白いと思いながら、興味があると思いながらインタビューをすると、インタビューを受ける人も関心を持ってくれるし、協力を得やすかった。「優等生的な問い」や「つまらない問い」は、それ自体に価値がない訳ではない。学生が取り組むには惜しい、やる気が続かなくなるリスクがある、などの意味も含めて、避けた方が良いということなのかもしれない、と今は考えている。

第Ⅱ部のチュートリアルの中では、「貢献」という言葉も出てきた。これも、研究の価値を語る上で出てくる重要な言葉の一つだ。もし、男性の育児休暇を調べた結果、取得率が上がったとしたら、それは大きな、そして分かりやすい貢献になりうる。しかし、語り部のことを調べたり、謝罪のことを調べたりすることが、どのような貢献に繋がりうるかということを考えるのは、育児休暇の問題に比べると難しい。もちろん、プロの研究者ならば、研究費などを受ける上でも、自分の研究がどのような貢献に繋がるかを説明できることは欠かせないだろう。しかし、一人の学生の研究の貢献ってどのようなものだろう、というのは、学生の頃からの疑問だった。

チュートリアルが終わってしばらく経ってからこの疑問を苅谷先生に投げかけてみると、意外な答えが返ってきた。「これは、自分の研究の貢献を考えてもらうことを通して、自分の研究を改めて詳しく考えてもらいたいんだよ」というものだった。自分の研究のことを明確に考えられていないと、研究がどのような貢献をしうるかを考えることは難しい。先生は「貢献」についての考察を通して、教育としての本当の目的は伏せた上で学生が自分の研究をどう見ているのかを知ろうとしていたようだ。

確かに、「自分の研究について、改めて詳しく考えてみてください」などと先生に言われても、何をどう詳しく考えれば良いのかわからない。だが、貢献について考えを述べれば、その内容から、自分のテーマの周辺の学問分野についてどれだけ分かっているか、既存の研究をどれだけ調べているかなどを知ることができる。先生は、指導の中で、目的を明示したり、伏せたりしながら、あの手この手で学生を考えさせようとしているようだ。

テーマやリサーチ・クエスチョンの設定、研究手法や理論の検討をするにあたって、やはり「どんなものがあり得るのか」という引き出しが少ないと、考える幅が狭まってしまうことも、今回のチュートリアルで感じたことだ。先生の方が引き出しの種類が多いのは、当然のことかもしれない。そうだとしても、学生だって引き出しを増やす努力はできる。

その近道が、リーディングだろう。読むことは、あらゆる研究につながる。そういえば、オックスフォード大学では、人に何の分野の勉強をしているのかを聞くときに"What do you study?"と聞かずに、"What do you read?"と聞く。世界で最も古い大学の一つであるオックスフォードでは、勉強することとは読むことだという認識が、繋がり続けているのだろう。やはり、どこまでも、学生は読み続ける必要がありそうだ。

### †「チュートリアル」を捉えなおす

ここまで、今回行った第Ⅰ部、第Ⅱ部のチュートリアルを振り返りながら、学びや気づき、疑問を取り出してみた。最後に、今回の内容より俯瞰的な視点に立ち、オックスフォード大学などで行われている「チュートリアル」という指導法について、学生としての立場から考えようと思う。

チュートリアルの指導は、対面（テレビ電話のこともある）でリアルタイムに行われること、オーラルでのやりとりが特徴だ。この特徴から、オーラルの議論の技術などが重視されると思われそうだが、「読む」「書く」「考える」ことこそ、チュートリアルの中で重視され、また強く鍛えられるスキルだと思う。第Ⅰ部のような、エッセイクエスチョンとリーディングリストを与えられてのチュートリアルは、まさにこの三つのスキルを鍛えるブートキャンプ的なトレーニングになっているのは本文を読んでお分かりいただけただろう。第Ⅱ部の、自分の研究テーマを決めるチュートリアルは、第Ⅰ部のようなセッションを何度も重ねて地盤となる力をつけた上で、さらに「考える」力を磨くものだ。

そもそも、チュートリアルはこの三つのどれが欠けても学びに繋がらない。何も読まずにセッションに臨んでも何の議論もできないし、読んだとしても何も考えてこなければ、なかなか発言はできない。そして、エッセイであれ、ノートであれ、あらかじめ読んで考えてきたことを書くというプロセスを経ないと、リアルタイムで次々に問いを投げかけられたときに答えることはできない。だから、チュートリアルを受ける学生が「読む」「書く」「考える」の三つのスキルがある程度備わっていないと、いくら先生との時間を設けても、学生が飛躍できるような学びの時間は生まれない。よく考えてみれば、「読む」「書く」「考える」は、どれも一人でできることだ。本とノートとペンがあれば、読んだり、書いたり、考えたりすること自体はできる。しかし、それでは自分がそのときに持っている力以上のことはできない。だからこそ、ある問いを通して先生と膝を突き合わせて問答をすることで、自分に足りない視点や考え方、方法を学び、それまでの自分では思いつかなかった地点に立てるように訓練するのが、チュートリアルだ。また、先生が用意した教材を使って進められるクラスやレクチャーと違い、チュートリアルでは学生が自分で書いたエッセイや、自分の持ち出した研究テーマを使ってセッションが進められる。学生にとっては、自分の現状に合わせた指導をしてもらえる、まさに贅沢な時間なのだ。

「読む」「書く」「考える」力を伸ばすチュートリアルという指導法は、贅沢で、かつとても魅力的、効果的な指導法だ。しかし、チュートリアルが万能ではないことも、ここで付け加えておきたい。魅力的だからこそ、「罠」がある。

先生と一対一で対話を続けるチュートリアルは、オーラルでのセッションだからこそ、一度始まってしまうと途中で立ち止まって考えるのが難しい。そうすると、先生から投げかけられる問いや、先生のコメントを受け止めているうちに、本当にはしっかり考えられていないのに、「わかったつもりになってしまう」ことが多いことは、このレポートでも告白した通りだ。例えば、学生が「○○だ」と言ったときに、「○○ということは、△△ということだ。ということは□□なんだよ」などと先生が当たり前のようにさらさらと言い換えを広げていくのをその場で聞いていると、さも当たり前のように感じてしまう。だが、チュートリアルが終わって自分の部屋に戻り、チュートリアルを振り返ってみると、なぜ「○○ということは□□なのか」が分からなくなってしまったり、納得できなかったりすることは、どうしても起こる。それは、先生とのやりとりのペースの中で、波に乗らされてしまうからだ。先生からの問いに答えているのは自分だし、自分が発言したことを元にセッションは進んでいるにもかかわらず、知らぬ間に学生はコントロールを失ってしまうのだ。そこには、どうしても先生と学生で経験の差があり、その差が、思考スピードの違いを生んでしまうということもある。また、話すのが上手い先生とのセッションほど、スルスルと、何の引っ掛かりや疑問もなしに納得して話を聞いてしまいたくなることもある。話が上手い、「雄弁タイプ」の先生とのセッションは面白い。面白いからこそ、ついそこで満足したくなってしまう。それが「罠」だ。本当は、チュートリアルの途中や、終わった後にでも、議論したことについて何かに引っかかって、立ち止まって考えることで、自分の力をもっと伸ばすことができる。スルスルと飲み込んでしまわないよう注意が必要だ。

私がオックスフォードに修士課程の学生として在籍していた頃、修士論文の指導は日本研究で人類学者のロジャー・グッドマン教授から受けていた。グッドマン教授とのチュートリアルでは、先生からの問いかけやコメントをきっかけに、実はそれまで思いもよらなかったアイディアがその場で思い浮かび、自分の口から飛び出ることもあった。そのアイディアが良いものだったりすると、学生としてはとても嬉しいし、賢くなった気分になる。セッションを終え、教授の部屋を出る頃には、話がスムーズにできたこと、新たなアイディアを得られたことで、頬が紅潮するくらい気分が良い。自分の研究が面白くなりそうだとワクワクする。グッドマン教授は、「雄弁タイプ」というよりは、ニコニコしながら学生が話すのを聞き、その上で学生に様々な角度から問いかけをし、学生の言葉を見事に引き出す先生だった。でも、そこでも、「あぁ、よかった」で終わってしまうと、賢くなったという気分だけが残る。これも一つの「罠」だ。実のところ、私もはじめはその「罠」に陥っていた。チュートリアルを受けて何日か経つと、先生がどのような問いかけをしてくれたから良いアイディアが思い浮かんだのかは、忘れてしまっていたのだ。

面白いセッションほど「罠」は見えにくい。そのチュートリアルを本当の自分の学習に繋げるには、チュートリアルを受ける前の準備をしっかりしておいて、疑問や引っ掛かりに気づけるようにしておくことや、チュートリアルを終えた後の振り返りノートが重要だ。チュートリアルがグイグイ進むと、途中で立ち止まって考え直したり、質問したりするのは難しく感じられるが、本当はわからないことを確認したり質問したりすることを、先生は歓迎するだろう。何しろ一対一のセッションなのだから。そして、セッション後のノートで、よくわからなかったことを書き留めておいたり、先生からどんな問いかけがあったかなどをメモしておいたりすると、次に活かすことができる。そうやって、学生が積極的に動くことで、「罠」に陥らずに学ぶことができる。

そうはいっても、いくら学生が入念に準備をし、ノートを書いたりして「罠」に陥らなかったとしても、チュートリアルが全ての疑問や課題を解決してくれるわけではない。このレポートにもいくつか書いたが、課題や疑問は、残り続ける。しかも、課題も疑問も、はっきりと自覚できているとは限らない。「何となくモヤモヤしたもの」が、頭のどこかに残っているということの方が多いだろう。チュートリアルのセッションで交わされる議論は、知的レベルが高いし、明確な答えなどないものばかりだ。その場で全てを消化しきれることなど、できなくて無理はない。むしろ、モヤモヤしたものが残らなかったら、それは「罠」に陥っている証拠かもしれない。モヤモヤは、自分を振り返り、成長させる引き金になるのだから、それを自覚できることは、喜ぶべきことだ。

次のセッションのために、自分の研究を進めるために、モヤモヤを何とか言語化する。近い言葉を探しながら、近い思想に触れながら、本当に自分が言いたいことに一歩でも近づこうと挑み続ける。そうやって、言語化することを続けるうちに、「書く」力も「読む」力も、そして「考える」力も磨かれていくのだろう。こうして身につけた力は、研究に限らず、人との議論や何かを考える時に使える、強い味方になる。

学生も、いつまで経っても学生のままではいられない。どこかの時点で自立して、チュートリアルなしで自分の問いを決め、自分で考えられるようにならなくてはならない。面白く気持ちよくチュートリアルを受け、スムーズに研究を進めるだけになって「罠」に嵌ってしまうと、いざ一人で問いと向き合おうとするとき苦労をするだろう。なぜなら、先生とのセッションの中で、どんなやりとりを通して行き詰まりを解消できたのか、どんなふうに議論を展開させていったのかといった「方法」はなかなか残らないからだ。

そうだとすれば、教わりながら、学び、考えている自分の頭の中をメタ認知的に客観視して一般化する自分を確立することこそが、「学ぶ技術」の肝心な部分なのではないだろうか。学ぶ自分を見る自分、考える自分を見る自分、そして先生の「教える技術」を見る自分――それが、先生から離れた日に、自分自身を先へ進ませてくれるのではないだろうか。

# あとがき

イギリスの暗くて寒い冬が終わり、散歩が心地よい季節になった頃、私はクラスメイトたちと大学の公園に繰り出し、広々とした芝生の上に輪になって座っていた。久々にカラッと晴れて、街中の人が日光を楽しんでいた。ジョギングする人や犬の散歩をする人、子供とボールで遊ぶ人、ベンチでカフェから買ってきたサンドイッチを頬張る人もいる。大学ではいよいよ学年末の試験が近い。二〇一二年の秋から始まったオックスフォードでの一年間の成績が全て決まってしまう大事な試験の対策をするため、私たちは何冊もの本と資料を鞄に詰め込んで集まっていた。公園への道中はワイワイと楽しく歩いていても、さあ、試験の話をしようとなると、皆の表情は引き締まる。オックスフォードは大学街だ。この時期は、街のあちらこちらに試験前の緊張感がうっすら流れている。

試験は、選択科目ごとに九つの問いが出され、その中から自分が回答する三つの問いを選んで、三時間で論述するというものだ。あらかじめ過去問は配られているし、基本的には、学期中に先生がレクチャーしてくれたり、クラスで仲間たちと議論したりしたトピックが出題されることになっている。私たちはそれぞれ分担をして三つずつトピックを選び、こんな問いが出されたらこんな回答を書くというようなサンプルのエッセイを持ち寄って、読み合うために集まっていたのだ。

一つの科目あたり、一年間で課される本や論文の数はおよそ百冊近くにも及ぶ。学生はそれを三科目選択している。だから、単純計算すると二、三百冊。それらの文献を全て読み、内容を覚えることはとてもじゃないができないが、試験問題に解答するには、誰がどんな理論を展開しているなどということも書かなければならない。論点をしっかりと捉えてまとめるためにも、互いにエッセイを読み合って議論をしたり、質問し合ったりして、皆で試験に挑もうとしていた。クラスメイトは、まさに「仲間」だった。

オックスフォードでの試験は、荘厳な雰囲気の、試験専用の建物で行われる。互いの試験スケジュールもわかっているので、クラスメイトが全ての試験を終える日には試験会場の出口で仲間を待ち受ける。パーティーグッズのレイを首にかけ、クラッカーを鳴らしてシャンパンを掛け合い、パブに繰り出してフルーツやキュウリがゴロゴロ入った学生御用達のカクテル「ピムス」をピッチャーで頼んで試験の終了を祝う。その時のレイは六年経った今でも部屋に飾ってあって、あの日の達成感を思い出させてくれる。

今回、一対一で先生とチュートリアルをするにあたって、オックスフォードに在籍した頃と大きく違ったのは、一緒に取り組む仲間が不在だったことだ。学期中の課題のためのエッセイ・クエスチョンはクラスメイトと同じものだったし、修士論文のためのスーパーバイズも、内容こそそれぞれ異なるが、トピック決めや研究手法の決定などのプロセスは皆だいたい一緒だ。どの文献はどう使ったとか、リサーチ・クエスチョンがなかなか決まらないとか、そういうことを相談し合う。どんな時でも、図書館に行けば同じような課題に取り組む仲間もいる。休憩室でコーヒーを飲みながらエッセイを読み合ってコメントをし合うのも、新たな視点をもらえたり、自分の議論の癖に気付けたりして、互いに助けになっていた。今回も、同じエッセイクエスチョンに挑む仲間がいたら、同じように研究テーマを決める仲間がいたら、本書には現れなかった、また違うものが見えていたのではないかと思う。同じような課題に取り組む仲間がいる環境に身を置くのは、貴重だ。仲間と知識や経験の引き出しを活かしながら問いに向き合う方が、さらに生産的な議論を生み出すに違いない。協力し合えるという点も大事だし、やはり、同じ壁に挑む仲間がいるプレッシャーは、つい怠けたくなる心を奮い立たせてくれる。仲間がいるというのは、励みでもあるし、負けてはいられないというプレッシャーでもある。学術書二、三百冊、三時間の論述試験を三科目という、独力ではひるみそうになる壁に向かっていくモチベーションを保たせてくれるものでもあった。

本書の企画は、「オックスフォードでのチュートリアルを日本語で本にしようと思うのだけれど」と苅谷先生に声をかけていただいたことをきっかけに始まった。いよいよ動き始めようという頃に、私が妊娠したことがわかった。チュートリアルや編集の作戦会議を終え、全ての原稿が揃った今、私の膝の上には元気に生まれてくれた息子がスヤスヤと眠っている。この一年で、本書と息子、どちらも私にとって初めてとなる二つの「産みの苦しみ」を味わうことができた。途中で出産をして手が止まった私を励まし、チュートリアルに立ち会い、いつも様々な意見をくださった筑摩書房の橋本陽介さんに、感謝している。また、本の執筆と育児でてんやわんやの私を穏やかに支えてくれている夫にも感謝したい。ありがとう。

石澤麻子

ちくま新書
1436

教《おし》え学《まな》ぶ技術《ぎじゅつ》
――問《と》いをいかに編集《へんしゅう》するのか

二〇一九年九月一〇日　第一刷発行

著者　苅谷剛彦（かりや・たけひこ）
石澤麻子（いしざわ・あさこ）

発行者　喜入冬子
発行所　株式会社 筑摩書房
東京都台東区蔵前二―五―三　郵便番号一一一―八七五五
電話番号〇三―五六八七―二六〇一（代表）
装幀者　間村俊一
印刷・製本　株式会社 精興社



Printed in Japan
ISBN978-4-480-07249-8 C0237

# ちくま新書

110
「考える」ための小論文
西研
森下育彦
論文を書くことは自分の考えを吟味するところから始まる。大学入試小論文を通して、応用のきく文章作法を学び、考える技術を身につけるための哲学的実用書。

122
論文・レポートのまとめ方
古郡廷治
論文・レポートのまとめ方にはこんなコツがある！　用字、用語、文章構成から図表の使い方まで実例を挙げながら丁寧に秘訣を伝授。初歩から学べる実用的な一冊。

486
図書館に訊け！
井上真琴
図書館は研究、調査、執筆に携わる人々の「駆け込み寺」である！　調べ方の超基本から「奥の手」まで、カリスマ図書館員があなただけに教えます。

600
大学生の論文執筆法
石原千秋
大学での授業の受け方から、大学院レベルでの研究報告や社会に出てからの書き方まで含め、執筆法の秘伝を公開する。近年の学問的潮流も視野に入れた新しい入門書。

604
高校生のための論理思考トレーニング
横山雅彦
日本人は議論下手。なぜなら「論理」とは「英語の」思考様式だから。日米の言語比較から、その背後の「心の習慣」を見直し、英語のロジックを日本語に応用する。２色刷。

908
東大入試に学ぶロジカルライティング
吉岡友治
腑に落ちる文章は、どれも論理的だ！　東大入試を題材に、論理的に書くための「型」と「技」を覚えよう。学生だけでなく、社会人にも使えるワンランク上の文章術。

1352
情報生産者になる
上野千鶴子
問いの立て方、データ収集、分析、アウトプットまで、新たな知を生産し発信するための方法を全部詰め込んだ一冊。学生はもちろん、すべての学びたい人たちへ。

## ちくま新書

1409
# 不道徳的倫理学講義
――人生にとって運とは何か
古田徹也
私たちの人生を大きく左右するにもかかわらず、倫理学では無視されがちな「運」をめぐる是非。それらの議論を古代から現代までをたどり、人間の生の在り方を探る。

1259
# 現代思想の名著30
仲正昌樹
近代的思考の限界を超えようとした現代思想。難解なものが多いそれらの名著を一気に30冊解説する。知っているつもりになっていたあの概念の奥深さにふれる。

1039
# 社会契約論
――ホッブズ、ヒューム、ルソー、ロールズ
重田園江
この社会の起源には何があったのか。ホッブズ、ヒューム、ルソー、ロールズの議論を精密かつ大胆に読みなおし、近代の中心的思想を今に蘇らせる清冽な入門書！

1017
# ナショナリズムの復権
先崎彰容
現代人の精神構造は、ナショナリズムとは無縁たりえない。アーレント、吉本隆明、江藤淳、丸山眞男らの名著から国家とは何かを考え、戦後日本の精神史を読み解く。

852
# ポストモダンの共産主義
――はじめは悲劇として、二度めは笑劇として
S・ジジェク
栗原百代訳
9・11と金融崩壊でくり返された、グローバル危機という掛け声に騙されるな――闘う思想家が混迷の時代を分析、資本主義の虚妄を暴き、真の変革への可能性を問う。

805
# 12歳からの現代思想
岡本裕一朗
この社会や人間の未来を考えるとき、「現代思想」はさまざまな手がかりを与えてくれる。子どもも大人も知っておきたい8つのテーマを、明快かつ縦横に解説する。

910
# 現代文明論講義
――ニヒリズムをめぐる京大生との対話
佐伯啓思
殺人は悪か？　民主主義はなぜ機能しないのか？――ニヒリズムという病が生み出す現代社会に特有の難問について学生と討議する。思想と哲学がわかる入門講義。

# ちくま新書

1242
LGBTを読みとく
――クィア・スタディーズ入門
森山至貴
広まりつつあるLGBTという概念。しかし、それだけでは多様な性は取りこぼされ、マイノリティに対する差別もなくならない。正確な知識を得るための教科書。

1163
家族幻想
――「ひきこもり」から問う
杉山春
現代の息苦しさを象徴する「ひきこもり」。閉ざされた内奥では何が起きているのか？〈家族の絆〉という神話に巨大な疑問符をつきつける圧倒的なノンフィクション。

1164
マタハラ問題
小酒部さやか
妊娠・出産を理由に嫌がらせを受ける「マタハラ」が、いま大きな問題となっている。マタハラとは何か。その実態はどういうものか。当事者の声から本質を抉る。

1419
夫婦幻想
――子あり、子なし、子の成長後
奥田祥子
愛情と信頼に満ちあふれた夫婦関係は、いまや幻想なのか。不安やリスクを抱えつつも希望を見出そうとして苦闘する夫婦の実態を、綿密な取材に基づいて描き出す。

1225
AV出演を強要された彼女たち
宮本節子
AV出演を強要された！　そんな事件が今注目されている。本書は女性たちの支援活動をしてきた著者による初の報告書。ビジネスの裏に隠された暴力の実態に迫る。

1162
性風俗のいびつな現場
坂爪真吾
熟女専門、激安で過激、母乳が飲めるなど、より生々しくなった性風俗。そこでは、どのような人たちが、どのような思いで働いているのか。その実態を追う。

415
お姫様とジェンダー
――アニメで学ぶ男と女のジェンダー学入門
若桑みどり
白雪姫、シンデレラ、眠り姫などの昔話にはどのような意味が隠されているか。世界中で人気のディズニーのアニメを使って考えるジェンダー学入門の実験的講義。

## ちくま新書

1425 植物はおいしい——身近な植物の知られざる秘密 田中修

季節ごとの旬の野菜・果物・穀物から驚きの新品種、香りの効能、認知症予防まで、食べる植物の「すごい」「おもしろい」「ふしぎ」な話題を豊富にご紹介します。

1328 遺伝人類学入門——チンギス・ハンのＤＮＡは何を語るか 太田博樹

古代から現代までのゲノム解析研究が語る、我々のルーツとは。進化とは、遺伝とは、を根本から問いなおし、人類の遺伝子が辿ってきた歴史を縦横無尽に解説する。

1387 ゲノム編集の光と闇——人類の未来に何をもたらすか 青野由利

世界を驚愕させた「ゲノム編集ベビー誕生」の発表。生命の設計図を自在に改変する最先端の技術を基礎から解きほぐし、利益と問題点のせめぎ合いを真摯に追う。

1297 脳の誕生——発生・発達・進化の謎を解く 大隅典子

思考や運動を司る脳は、一個の細胞を出発点としてどのように出来上がったのか。30週、20年、10億年の各視点から、その小宇宙が形作られる壮大なメカニズムを追う！

1203 宇宙からみた生命史 小林憲正

生命誕生の謎を解き明かす鍵は「宇宙」にある。惑星探索や宇宙観測によって判明した新事実と、従来の化学進化的プロセスをあわせ論じて描く最先端の生命史。

1217 図説 科学史入門 橋本毅彦

天体、地質から生物、粒子へ。新たな発見、分類、一般に認知されるまで様々な人間模様を経て、科学は発展したのである。それらを美しい図像に基づいて一望する。

1389 中学生にもわかる化学史 左巻健男

世界は何からできているのだろう。この大いなる疑問に挑み続けた道程を歴史エピソードで振り返る。古代哲学者から錬金術、最先端技術のすごさまで！

## ちくま新書

1003
京大人気講義　生き抜くための地震学
鎌田浩毅
大災害は待ってくれない。地震と火山噴火のメカニズムを学び、災害予測と減災のスキルを吸収すべき時は、まさに今だ。知的興奮に満ちた地球科学の教室が始まる！

1263
奇妙で美しい　石の世界〈カラー新書〉
山田英春
瑪瑙を中心とした模様の美しい石のカラー写真とともに、石に魅了された人たちの数奇な人生や、歴史上の逸話、旅先の思い出など、国内外の様々な石の物語を語る。

1314
世界がわかる地理学入門
――気候・地形・動植物と人間生活
水野一晴
気候、地形、動植物、人間生活……気候区分ごとに世界各地の自然や人々の暮らしを解説。世界を旅する地理学者による、写真や楽しいエピソードも満載の一冊！

1315
大人の恐竜図鑑
北村雄一
陸海空を制覇した恐竜の最新研究の成果と雄姿を再現。日本で発見された化石、ブロントサウルスの名前が消えた理由、ティラノサウルスはどれほど強かったか……。

1186
やりなおし高校化学
齋藤勝裕
興味はあるけど、化学は苦手。そんな人は注目！　原子の構造、周期表、溶解度、酸化・還元など必須項目をやさしく総復習し、背景まで理解できる「再」入門書。

994
やりなおし高校世界史
――考えるための入試問題8問
津野田興一
世界史は暗記科目なんかじゃない！　大学入試を手掛かりに、自分の頭で歴史を読み解けば、現在とのつながりが見えてくる。高校時代、世界史が苦手だった人、必読。

1306
やりなおし高校日本史
野澤道生
「1192つくろう鎌倉幕府」はもう使えない！　新たな解釈により昔習った日本史は変化を遂げているのだ。ヤマト政権の時代から大正・昭和まで一気に学びなおす。